OPEN
HOUSE
OSAKA
2022

生きた建築ミュージアム
フェスティバル大阪

公式ガイドブック
OFFICIAL GUIDE BOOK

生きた建築ミュージアム大阪実行委員会

大阪の生きた建築を体験する、

アートアンドクラフト大阪ショウルーム&オフィス／青山ビル／アジア太平洋トレードセンター［ATC］／新井ビル／ARCHITEKTON
- the villa tennouji -／生駒ビルヂング［生駒時計店／サービスオフィス北浜T4B］／今橋ビルヂング［旧大阪市中央消防署今橋出張所］
／インテックス大阪／上町荘［design SU 一級建築士事務所+YAP一級建築士事務所］／悦家／梅田スカイビル［新梅田シティ］／浦辺設
計／ABC本社ビル／EXPO'70パビリオン／江戸堀コダマビル［旧児玉竹次郎邸］／OMM［旧大阪マーチャンダイズ・マートビル］／オー
ガニックビル／大阪ガスビル／大阪倶楽部／大阪公立大学 杉本キャンパス／大阪国際平和センター［ピースおおさか］／大阪市
中央公会堂／大阪写真会館（Time & Style Osaka)／大阪証券取引所ビル／大阪商工信用金庫本店ビル／大阪市立住まい
のミュージアム［大阪くらしの今昔館］／大阪市立美術館／大阪ステーションシティ／大阪中之島美術館／大阪農林会館／大阪
府庁 本館／大阪府立国際会議場／大阪府立狭山池博物館／大阪府立中之島図書館／大阪弁護士会館／大塚グルー
プ大阪本社 大阪ビル／小川香料株式会社 大阪支店／オリックス本町ビル／株式会社モリサワ本社ビル／関西大学千里
山キャンパス／北浜長屋／北浜レトロビルヂング［北浜レトロ］／ギャラリー再会／旧小西家住宅史料館／近畿大学アカデミック
シアター／King of Kings（大阪駅前第1ビル）／久米設計大阪支社／グランサンクタス淀屋橋／グランフロント大阪／源ヶ橋温
泉／光世証券本社ビル／ザ・ガーデンオリエンタル・大阪［旧大阪市長公館］／西光寺／自安寺／ジオ・グラフィック・デザイン・ラ
ボ／芝川ビル／昭和設計本社／食道園宗右衛門町本店ビル／新桜川ビル／スリープカプセル（カプセルイン大阪）／船場セン
タービル／船場ビルディング／千里阪急ホテル／大成閣／大同生命大阪本社ビル／ダイビル本館／大丸心斎橋店本館／
高島屋東別館／武田道修町ビル［旧武田長兵衛商店本店社屋・旧武田薬品本社ビル］／田辺三菱製薬株式会社本社ビル／中央工

特別な2日間。

Experience a special two-day event featuring
Osaka's most exquisite living architecture.

学校OSAKA 一号館／陳列館ホール[花博記念ホール]／通天閣／鶴身印刷所／堂島ビルヂング／東畑建築事務所本部・本社オフィス大阪／都住創内淡路町／井池繊維会館[ドブカン]／長瀬産業株式会社 大阪本社ビル／中之島フェスティバルタワー・ウエスト／中之島三井ビルディング／浪花組本社ビル／南海ビル(高島屋大阪店ほか)／なんばパークス／西尾レントオール咲洲木造アリーナ(仮称)／日建設計大阪オフィス／日本圧着端子製造株式会社／日本圧着端子製造株式会社 大阪技術センター別館 -Kahdeksankulmio-／日本基督教団大阪教会／日本基督教団天満教会／日本基督教団浪花教会／日本基督教団南大阪教会／日本銀行大阪支店／日本聖公会川口基督教会／日本生命保険相互会社本館／日本設計関西支社／日本橋の家／ハイアット リージェンシー 大阪(エタニティ・凛-rin-)／原田産業株式会社 大阪本社ビル／播谷商店／フジカワビル／藤田美術館／伏見ビル／伏見町 旧宗田家住居[CuteGlass Shop and Gallery]／ブリーゼタワー／β本町橋／本願寺津村別院[北御堂]／マヅラ(大阪駅前第1ビル)／三木楽器開成館／ミズノ大阪本社ビル[ミズノクリスタ]／水の館ホール・鶴見スポーツセンター／光井純＆アソシエーツ 建築設計事務所 関西オフィス／三井住友銀行大阪中央支店・天満橋支店／三井住友銀行大阪本店ビル／三菱UFJ銀行大阪ビル本館／御堂ビル[竹中工務店大阪本店]／ミライザ大阪城／綿業会館／森ノ宮医療大学 桜棟[森ノ宮医療大学さくらポート]／もりのみやキューズモールBASE／安井建築設計事務所本社・大阪事務所／山本能楽堂／輸出繊維会館／リーチバー(リーガロイヤルホテル)／リバーサイドビルディング／柳々堂／ルボンドシエルビル[大林組旧本店]／安治川水門／逢阪会所ポンプ施設／金蔵／中之島橋梁群／中浜下水処理場新ポンプ棟／寝屋川北部地下河川守口立坑／阪急電鉄京都線・千里線連続立体交差事業／東横堀川水門／平野下水処理場／舞洲スラッジセンター／御堂筋

生きた建築ミュージアムフェスティバル大阪（イケフェス大阪）は、毎年秋の週末に大阪の魅力ある建築を一斉に無料で公開する、日本最大級の建築イベントです。

長いときを刻んだ歴史的な建築から、斬新なデザインの現代建築まで、あの建築家の名作から昭和の雰囲気を色濃く残す街場の喫茶店まで、大阪という都市の魅力を様々に物語る100を超える「生きた建築」が、一斉にその扉を開きます。

本書は、今年のイケフェス大阪に参加する全ての建築を掲載した公式ガイドブックです。建築や都市の専門家による、大阪の「生きた建築」がより楽しくなる充実のコラムも満載です。

この小さな冊子とイケフェス大阪2022が、建築の素晴らしさとそれを支える多くの人の存在、そして大阪という都市の魅力を感じとっていただけるきっかけとなれば幸いです。

なお、各建築の公開プログラムをはじめとするイケフェス大阪2022のイベント情報は、公式WEBサイトで確認いただけます。ぜひご覧下さい。

An annual autumn weekend event, the Living Architecture Museum Festival Osaka (Open House Osaka) is renowned as the largest Japanese architectural function that offers free access to Osaka's finest architecture.

To genuinely exhibit the urban appeal of Osaka, this year's event will open the door to the public over 100 "living architecture" establishments, such as historically defined structures, contemporary buildings with innovative designs, acclaimed works by distinguished architects; as well as street cafes emanating the atmosphere of the Showa period.

This is an official guidebook that presents content on all the participating buildings for "Open House Osaka 2022." To make Osaka's "living architecture" even more enjoyable, you can read a variety of fascinating columns by respective architects and urban experts.

We would be sincerely delighted if this small booklet and the Open House Osaka 2022 in its entirety can promote the grandeur of architecture and the presence of countless individuals who fervently support this field. We hope this can serve as a meaningful occasion that further heightens the image of Osaka as a captivating urban destination.

Information on this event, such as details of the public programs of each participating building, can be found on the official website of Open House Osaka 2022. Please definitely check it out.

Contents

大林組の歩みと
都市大阪の発展

村田俊彦（大林組取締役副社長執行役員）×
橋爪紳也（大阪公立大学研究推進機構特別教授）

大阪の生きた建築を読み解く特集

倉方俊輔（大阪公立大学大学院教授）

建築の学校のような場所

花田佳明（京都工芸繊維大学特任教授）

御堂筋85年略史

嘉名光市（大阪公立大学大学院教授）

若きミーツ編集部員がめぐる
ニュースな美術館建築

村田俊彦 × 橋爪紳也

大林組取締役副社長執行役員　　　　大阪公立大学研究推進機構特別教授

大林組の歩みと

この壮大な絵図は、大林組の創業50年を記念して描かれたもの（1941）で、大林組が西日本で手がけた実作のみで構成された架空の都市図だ。大阪で創業した大林組の足跡は、そのまま都市大阪の発展に重ねることができる。今年で創業130周年を迎えた同社の歴史を振り返ることで、改めて大阪の生きた建築のこれまでとこれからを見つめてみよう。（図版提供：株式会社大林組）

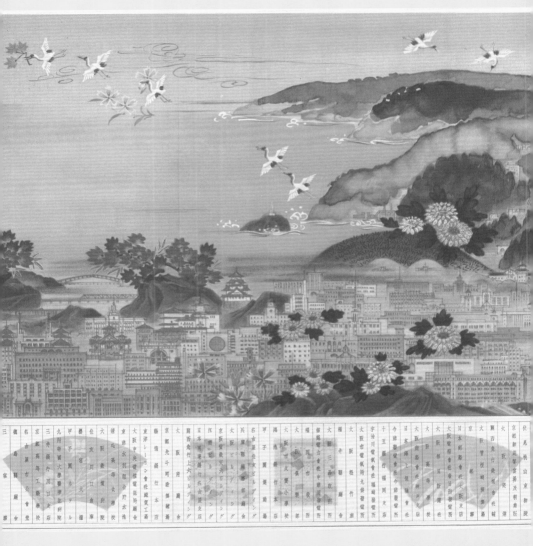

都市大阪の発展

ルボンドシエルビル3階に
ある大林組歴史館を会場
に行われた対談の様子。

明治期 創業期の挑戦の数々

橋爪　本日はイケフェス大阪の実行委員も務めて
いただいている大林組の村田さんとお話しし
て参ります。大阪で創業して130周年を迎
えた大林組は、大阪の都市の発展とともに
あり、また建設請負業として日本の建築界を
牽引してきました。そうした点を総括していた
だきながら、大阪の都市建築の歴史を振り
返りたいと思います。改めて創業期のことか
らお聞かせいただけますか。

村田　大林組は1892年（明治25）1月に大阪で創
業いたしました。創業者の大林芳五郎は塩・
干鰯問屋を営む家の三男として生まれたの
ですが、当時の商家の風習に従って呉服商
の丁稚見習を経験し、その後独立して呉服
の小売業を始めるも失敗に終わりました。そ
の後一転して請負師を目指したのですが、そ
れには日本の今後の発展に向けて建設業
の必要性を想う先見の明があったわけです。
最初に手掛けた大阪の阿部製紙所（1892

年）をはじめ、創業間もない頃は工場建築が
多かったと言います。朝日紡績や大和紡績
といった紡績業の工場など、コツコツと実績
を積み上げていきました。

橋爪　芳五郎さんは東京に修業に行かれたんです
よね。

村田　そうです。芳五郎は建設の素人だったので、
創業を前に東京で宮内省出入りの請負業者
である砂崎庄次郎に教わり、請負業を覚えた
そうです。その頃の経験が役立ち、後に公共
建築にも多く携わるようになっていきました。

大阪市築港大桟橋（1903）。
大林組は築港工事全体の約10分の1
を受注した。

橋爪　大阪での最初の大規模事業は、1897年（明治30）から工事が始まった築港の大桟橋でしょうか。その後は1903年（明治36）の第5回内国勧業博覧会で会場全体の施工を請け負っています。どちらもかなりリスクのある、大変な事業だったと思います。

村田　内国勧業博覧会の工事は、創業から間もなく、まだ技術や能力の蓄積がない中、当時の大手企業との競争に勝って受注したものです。特に会場内に建てた「大林高塔」では、大阪で初めてのエレベーターやイルミネーションの導入など、新しいことにチャレンジしています。リスクを取ってでも大きな仕事にチャレンジすることで、会社を成長させられるという創業者の精神はすごいと感じます。この事業は大林組の後の発展の礎になりました。

橋爪　1905年（明治38）、北浜に本店を移した際に、社内に設計部門を設けています。大阪の建築界を牽引する辰野片岡建築事務所の設立と同じ年ですから、日本のゼネコンでは最も早く独立した設計の専門部署を置いた例ではないでしょうか。建設請負業として分業をきっちりと図った点は大林組の先取性ですね。

村田　当時の設計者には、例えば曾根崎新地歌舞練場（1915年）を設計した松本禹象など、今であれば「建築家」と呼ばれてもいいような人物も多くいて、我々もびっくりしています。

橋爪　一方で、土木工事においても画期的な現場を請け負いました。大阪では懸案だった生駒トンネル（生駒隧道）の工事での苦労が語られます。

村田　生駒トンネルは複線かつレール幅も標準軌であり、それほど大きな断面のトンネルを掘ることができるのか、社内でもさまざまな意見が

第5回内国勧業博覧会会場と大林高塔（1903）。会場全体の工事をほぼ一手に引き受けた上に、自ら地上45mの望遠楼「大林高塔」を建てた。これは後の通天閣のモデルとなった。

あった中でのチャレンジでした。1911年（明治44）に着工してから幾多の苦労や犠牲があり、資金難も乗り越えて1914年（大正3）にようやく開通しました。これが貫通しなければ今の大林組はなかったと思います。

橋爪　明治末期からは東京進出を図るべく、東京中央停車場（東京駅、1914年）の工事も請け負われています。大阪を拠点にしながら全国展開を図ったのも大林組の特徴ですね。

村田　大阪で数多くの仕事をしながら、実績の少ない東京での大型工事に在京の大手ゼネコンと競争して請け負ったというのはものすごいチャレンジだったと思いますし、生駒トンネルの工事と並んで当時のエポックメイキングになりました。

生駒トンネル（生駒隧道）（1914）。生駒山に長さ3,888mのトンネルを造り、大阪と奈良を最短距離で結ぶ大阪電気軌道（現在の近鉄）が開業した。

大大阪時代の成長を支える

橋爪　大阪が「東洋一の商工地」と呼ばれた「大大阪」の時代、大林組は数多くの工場やオフィスビルを施工しています。また劇場や駅ビルなど新しい都市施設も手がけました。木村得三郎が担当した大阪松竹座（1923年）や、小田島兵吉による大阪電気軌道上本町本館（1925年）、大阪歌舞伎座（1932年）などが設計施工になる代表作になります。この他、阪神甲子園大運動場（1924年）や大阪城復興天守閣（1931年）も手がけています。また最新の構法やデザインを求めて、経営者や設計部員が欧米視察に出向きました。

村田　はい、社長（2代目・大林義雄）自ら訪れています。機械化が進むアメリカの建築技術を学び、社内へとフィードバックする。こうしたフットワークの軽さは初代・芳五郎の気質によると思います。都市が発展していく時期に新たな技術を取り入れ、ダイビル本館（1925

旧大林組本店（1926）。現在のルポンドシエルビルは、大林組4代目の本店である。

年）や大阪ガスビル（1933年）など、大阪の成長に寄与したという自負はあります。

橋爪　株式会社化と同時に設計部門を設計部に改組したのが1918年（大正7）。最新の構法を用いて、この旧大林組本店（ルポンドシエルビル）を建設しました。設計は小田島兵吉ですが、企業の顔でもあるファサードのデザインは社内でコンペを行い、平松英彦という若手建築家の案を採用しました。当時アメリカで流行っていたスパニッシュ風ですね。

村田　私自身はここで働いた経験はないのですが、先輩に聞くとやはりこのビルには思い入れがあるそうです。ルポンドシエルビルの一部機能は移転や閉鎖されますが、建物の歴史的価値は高く、特に外装は本当に素晴らしい

大阪歌舞伎座（1932）。この時代、大林組は積極的に劇場建築に取り組んだ。

大阪ビルヂング（1925）。現在は旧ビルを復元したダイビル本館（2013）となっている。

ものがあります。今後新たな使い方を模索していく予定です。実は私が入社してからの大林組は、あまりデザインに強いという印象がなかったのです。ただ近年の設計部門は当時に比べ、非常に新しい形のデザインができるようになったと感じています。ルポンドシエルビルを建てた頃も、こんな雰囲気だったのかもしれません。

橋爪　住宅建築の需要が急増することを見越して、松本儀八を部長に迎えて立ち上げた住宅部の仕事も特筆に値します。スパニッシュコロニアル様式の住宅を、国内で広めたのは大林組住宅部の功績と言って良いでしょう。家具を製作する大林組工作所も設立しています。住宅部は、社寺や旅館、ホテル、集合住宅、さらには日本郵船や大阪商船などの豪華客船の内装設計を請け負っています。また大林組が自ら土地を取得し、デベロッパーとして郊外住宅地の経営も行っています。

村田　浜甲子園健康住宅地（1931年）などですね。当時の大阪は住環境が良いとは言えませんでしたから、郊外で空気もきれいという利点を売り出しました。デベロッパーは当時から電鉄関係の会社が多い中、いわゆる建設業にとどまらない事業に大林組は取り組みまし

大阪ガスビル（1933）。建築家・安井武雄が設計した戦前期モダニズムの代表的建築。

大阪市営地下鉄（1933）。大林組は淀屋橋～北久太郎町間の路線と駅などの工事を担当した。

た。家具については以前、綿業会館の方に資料を見せていただく機会があり、大林組工作所の家具が数多く残っていることがわかりました。高級家具でも何でも社内で手掛けるというチャレンジ精神は当時の社風で、今でも引き継がれているように感じます。

橋爪　大林組は大阪のシンボルストリートである御堂筋の建設にも携わりました。大林組は、明治期から一貫して関西建築界のリーダーを輩出してきました。大正から昭和初期にかけては、2代目の大林義雄社長の時代でした。社業だけではなく、日本土木建築請負業者連合会の会長、大阪土木建築業組合の組合長として建設業界の近代化にも取り組まれました。建設労働者の災害に対する支援制度や失業防止の法制化等に尽力されています。

浜甲子園健康住宅地（1930）。浜甲子園一帯の6万坪を宅地開発、大林組が提示したモデル住宅は大変な人気を博した。

橋爪　終戦を迎え、1947年（昭和22）の年頭
　　　始業式において、三代目の大林芳郎
　　　社長は利潤第一主義から生産第一
　　　主義への転換、民主的な社会協同精
　　　神への発展、科学的な組織化を掲げ
　　　て再出発を図ります。焼け跡から新た
　　　な街づくり、建築・土木の施工を請け
　　　負っていくという決意の表れですね。

村田　戦中〜戦後は厳しい状況でした。戦
　　　中は軍関係の突貫の仕事が多かった
　　　のですが、その厳しい仕事をなんとか工
　　　期通りに完遂した点が評価されました。
　　　戦後は厳しい経営状況が続きました
　　　が、朝鮮戦争の特需をきっかけに日本
　　　経済と共に業績が回復していったと理
　　　解しています。

橋爪　戦後復興期から経済成長期にかけて
　　　の象徴はやはり1970年（昭和45）の
　　　大阪万博ですね。16ものパビリオンを
　　　施工されていますが、特にお祭り広場
　　　とアメリカ館が大きなプロジェクトだった
　　　と思います。

村田　竹中工務店さんらとJV（共同施工）で
　　　取り組んだお祭り広場では、大屋根に
　　　リフトアップ工法を採用しました。また
　　　アメリカ館では当時世界最大の空気
　　　膜構造のドームという難しい仕事を初
　　　めて行いました。設計チームがアメリカ
　　　に渡り、打ち合わせを重ねたそうです。
　　　英語の図面でのやりとりにもきちんと
　　　対応できたというのは、今思い返すと感
　　　心しますね。大阪万博は建築技術の
　　　発展にも大きく寄与したと思います。

日本万国博覧会（1970）で大林組が手がけた主な施設。
上からお祭り広場（テーマ館）、みどり館、アメリカ館。

戦後〜高度経済成長期　戦後復興と大阪万博

「黒ビル」から現代建築へ

橋爪 高度経済成長期以降の大阪での代表作となると、「黒ビル」と呼ばれた大阪大林ビル（1973年）が思い出されます。大阪にも超高層ビル時代が到来したと、当時13歳の私はびっくりしました。

村田 私が入社した時には黒ビルがありまして、福岡出身の私が大阪に出てきて初めてそれを見た際は圧倒されたのを覚えています。大林式クロスストラクチャー方式を採用した鉄骨構造もかなり大胆に考えられており、超高層建築に挑んだことがよくわかります。ダブルデッキのエレベーターも画期的でしたね。

橋爪 ここでも自社ビルで新たな挑戦をしたということですね。それが東京スカイツリー（2012年）の施工にまでつながるわけですからね。

村田 大阪ではOAP（大阪アメニティパーク、1996年）や京セラドーム大阪（大阪ドーム、1997年）

大阪大林ビル（1973）。西日本で初めて100mを超えた超高層ビル。同年、本町に完成した大阪国際ビルの「白ビル」に対して「黒ビル」と呼ばれた。

も大林組（JV）の施工ですね。

橋爪 時代の節目で大阪の象徴となる建築を建てて来られたのですね。

東京スカイツリー®（2012）。自立式電波塔では世界最高の高さ634mを誇る。

村田　直近の実績として大きいのは純木造で建てた横浜市の次世代型研修施設です。RC（鉄筋コンクリート）や鉄骨とのハイブリッドで建てる案もあったのですが、やはりそれでは面白くない。地上11階で床も含めてすべて木造というのは、すごいことをやったという自信があります。創業から受け継がれたチャレンジ精神の結果として技術をターゲットに向けて開発し活用できた仕事です。新たな技術はどんどん生まれているので、自社ビルなども活用して積極的に取り入れていきたいと思っています。

橋爪　あの研修施設は構法もデザインも新しい可能性を示しています。最後に大阪の建築界の将来についてうかがえますか。

村田　残念ながら東京に比べて大阪が衰退していた時期がありました。しかし今の我々は大阪で忙しく仕事できている状況ですし、これからは大阪・関西万博とIR（統合型リゾート）に大きな期待を寄せています。これを一過性で終わらせるのではなく、大阪が世界的な都市になっていく上での起爆剤と捉えています。例えば、子どもたちが世界に対して目を向ける、あるいは世界から大阪が注目されるきっかけになることが重要ですね。

橋爪　改めて振り返ると、大林組は130年の歴史の中で、大阪のランドマークとなる建物を数多く建てています。大阪発祥のゼネコンとして、「大阪のために」という強い気概のもとで挑戦を続けた結果ではないでしょうか。今後もぜひ大阪の発展に寄与していただきたいと期待しています。

村田　ありがとうございます。これからはサステナブ

Port Plus（2022）。横浜市に建設された自社の次世代型研修施設。全ての地上構造部材を木造とし、純木造耐火建築物としては国内最高の高さ44m（11階）。

ルな社会の構築が重要課題ですが、その一つとしてエネルギー問題の解決にも取り組みます。例えばニュージーランドで地熱からグリーン水素の製造をおこなったり、神戸市では水素による発電を進めたりと、社会貢献に向き合っています。また、3Dプリンターによる建設への技術導入も進めています。まだベンチや屋根を部分的に造っている程度ですが、理論的には大きなものも製造可能ですから、発展性はあるはずです。

橋爪　最後にイケフェス大阪について一言。

村田　大阪の文化的な雰囲気づくりにおいて、非常に良いイベントだと思っています。飲食店の方々にも参加していただくなど、お祭り的

令和　これからの大阪のために

な催しになればいいですね。オンラインで街や建築を見るのもいいのですが、やはり大阪の街を歩いてほしいなと願っています。

橋爪 大林組には、工事現場の公開に関して尽力をお願いしたこともあります。これからもイケフェス大阪を通じて、市民のみなさんに地域の建築に、深い理解と愛情を持っていただければと思います。特に子どもたちに、建築全般に興味を持ってもらえると嬉しいですね。普段、何気なく見ている建物にも、設計者の思いや施工者の苦労が刻まれています。回を重ねるなかで、そうした面白さや見どころを伝えていきたいと思います。

村田俊彦（むらた・としひこ）
株式会社大林組取締役副社長執行役員、大阪本店長兼夢洲開発推進本部長。1955年生まれ、1977年九州大学工学部建築学科卒、同年大林組入社。福岡県出身（ただし両親は関西出身）。関西の建築現場に長く勤務し、担当した工事は京都駅ビル（1997年）、梅田阪急ビル（2012年）など。

大林組歴史館の展示風景。
大林組大阪本店の移転に伴い、
2022年9月30日をもって閉館となった。

INFORMATION

『**大林組 工事画報 戦前篇 全5巻**』（監修・編著：橋爪紳也、出版：ゆまに書房、協力：大林組）

大林組が1930年から編纂・発行してきた年鑑『大林組工事画報』と、創業50年を記念して刊行された『大林組五十年記念帖』を復刻出版。2022年9月刊行。右図は『大林組五十年記念帖』の表紙見返しに描かれた、大林組の代表作からなる東日本の架空の都市図。https://www.yumani.co.jp/np/isbn/9784843362044

INFORMATION

WEBサイト
「**OBAYASHI CHRONICLE 130 1892-2021**」
130年記念事業として編纂されたデジタル社史が公開中。数多くの写真・資料と共に歴史を振り返られるほか、ロボティクスや宇宙エレベーターなど、最新技術についてのストーリーを学ぶこともできる。
https://www.obayashi.co.jp/chronicle/130th/

石井修と大阪の建築家の系譜

文＝倉方俊輔（大阪公立大学大学院教授）

撮影：市川かおり

目神山の住宅

石井修さんを知っていますか。1922年（大正11）生まれなので、今年が生誕100年となります。最後まで現役の建築家として、85歳の生涯をまっとうしました。それから15年、2022年11月に兵庫県立美術館ギャラリーで、初めての本格的な展覧会が開催されます。

まず、石井修さんの「目神山の一連の住宅」についてお伝えしたいのです。目神山は兵庫県西宮市、甲山の南斜面に位置します。この住宅地に石井さんは22件の住宅を設計し、20件が完成しました。その始まりが1976年（昭和51）にできた自邸です。「回帰草庵」と名づけ、その後の約30年間を家族と過ごしました。この時に「目神山の住宅2」も一緒に誕生しています。

私のように東京から大阪に引っ越してきた人間からすると、大阪圏の面白さは、自然と開発が鋭く接していることにあります。関東平野で気温が変化するほどの山に出会うのには小旅行の覚悟が必要です。東京といっても、土地の高低や緑が残るところはのどかです。

自然と開発がせめぎ合う目神山に、大林組に1940〜46年（昭和15〜21）に勤めた後、大阪に建築設計事務所を開いた石井修は惹かれました。目神山の一帯は、1958年（昭和33）に財団法人大阪住宅建設協会が買収し、翌年に分譲が始まりました。当時、石井修は大阪市営住宅の4階で暮らしていて、訪れると樹木が生い茂り、自然がそのまま残っているその土地を、すっかり気に入りました。坪当たりの単価は安かったのですが、一区画が1,200m²と広いため、なかなかの金額になります。そこで、市営住宅の3階に住んでいた親しい友人に相談して、二世帯で土地を共同購入しました。

目神山の住宅1「回帰草庵」　撮影：倉方俊輔

目神山の家15・16　撮影：松村芳治

パークで手がけた1900年前後の住宅が思い当たるくらいです。

　目神山の長所を活かすには、通常の宅地造成や住宅設計のマニュアルにとらわれてはいけないと見抜いた建築家に、人びとが自分たちらしい暮らしの形を託していった蓄積が「目神山の一連の住宅」と言えるでしょう。1987年（昭和62）に日本建築学会賞を受賞しました。塀や箱状のガレージではなく、緑の面が道路から広く見えるように設計するその手法は現在、目神山地区におけるまちづくりのルールに取り入れられています。

　建築家の仕事が、一品にとどまらない影響を与えるのは珍しいことです。都会を知っているからこそ、人工の原理ではない住まいに惹かれる気持ちをすくい取ったからでしょう。目神山の背後には、大阪がある。そう言っても良いかもしれません。

大阪に残る仕事

「石井修　生誕100年記念展」では「目神山の一連の住宅」以外の作品にも光を当てます。その一つが、今も千日前にある飲食店ビル「あじびる南」

　それから目神山で暮らすまでに20年近くかかったのには、多くの区域が保安林に指定されていて、それを解除するのに時間がかかったことがあります。その後に道がつくられ、電気や水道が引かれました。土地は花崗岩が多いので、思いの通り平らにすることができません。土地区画整理事業が段階的に実施されたこともあって、道路が曲がりくねり、中心も軸線もないような宅地ができました。

　石井修の目には、自然の原理のほうが勝つことが、すでに見えていたのでしょうか。1976年に完成したのは、外観のない自邸でした。敷地の中に掘り下げられた小道へと、道路から進むと玄関があります。そこから中庭沿いの階段をさらに下がると、居間が広がっています。斜面の中に暮らすような、心落ち着く薄暗がりです。コンクリートでつくられた傾斜屋根の上には木々が育つようになっており、はるか遠くの山々と風景が重なります。隣には同時に建った「目神山の住宅2」があります。違った斜面なので異なる形で、連続した自然の中に、共に埋もれるように建っています。

　自然の中には1階や2階といったものがありません。敷地境界も見えません。南面だけでなく、東からの光も西の光もそれぞれに趣があって、日陰もまた良いものです。一人の建築家が、歩いてまわれるような距離にこれほど多くの住宅を設計した例は、他にはフランク・ロイド・ライトがシカゴ郊外のオーク

あじびる南
撮影：多比良誠

ギャラリー再会　撮影：西岡潔

会での多彩な挑戦の一つであり、施工者も巻き込んで依頼者の思いに応える姿勢が、後年の仕事を生んでいます。晩年の講演でも繰り返し語られました。本人にとっても思い出深い初期の仕事だったようです。

石井修の弟子たち

大阪との関係では、石井修のもとから次世代の建築家が巣立ったことも重要です。大阪市内に建築設計事務所を構える竹原義二は、事務所が入る「日ノ下商店ビル」（1999年）をはじめ、自然素材を空間の肌合いに巧みに生かした作風で有名です。石井修の建築設計事務所に在籍した間に「回帰草庵」が建ち上がり、強い影響を受けたと話します。

市内に建築設計事務所を構え、やはり全国的に知られる遠藤秀平も、石井修のもとで最初の実務経験を積んだ一人です。「大阪城レストハウス」（2006年）をはじめ、コルゲート鋼板などを駆使した作風は、石井修の根源的な思考を継承しています。

関西が生んだ石井修という建築家は、環境との関係、地域との連関といった現在の建築界における注目点に先駆け、今後の進路も照らし出しています。こうした系譜の掘り下げも、大阪から行っていければと考えています。

（1974年）です。実は1960年代から70年代にかけて、石井修は大阪の商業建築などで、多彩なファサード表現や素材の使用を試みていました。あまり知られていない事実ですが、これが後の住宅作品の手法にもつながっています。

2015年の「イケフェス大阪」公式ガイドブックで解説した「ジェー・ガーバー商会大阪支店ビル」（1970年）もその一つでしたが、自然のような肌合いのオフィスビルは今見ることはできません。

ただし、このアメリカの商社の仕事が、建築家の吉村順三の紹介によるもので、それが吉村順三の設計で市内に現存する「アメリカーナビル」（1966年）の工事監理を石井修が手がけた縁からだと知ると、大阪の生きた建築史に触れる気がするでしょう。

そして、大阪セレクションにも選定されている「ギャラリー再会」（1953年）の巧みさもこうした都

INFORMATION

石井修
生誕100年記念展

会期：2022年11月3日（木）～27日（日）
会場：兵庫県立美術館ギャラリー
主催：石井修生誕100年記念展実行委員会
※会期中4回のシンポジウムを開催

石井修
生誕100年記念展
2022.11.3thu－11.27sun

正式名称は「柳々堂」だが、それでは本屋と思われないことがあり、入り口の庇には「柳々堂書店」と書いたそうだ

文＝花田佳明〈京都工芸繊維大学特任教授〉

書店・柳々堂 建築の学校のような場所

入り口の横に番台のようなレジがあり、「いらっしゃい」と声がかかる

柳々堂とは、大阪市西区京町堀にある書店の名前だ。まわりには居酒屋、カフェ、レストランなども多く、少し東に行けば淀屋橋のオフィス街だが、それとは対照的な下町の香り漂うエリアである。また、戦後は占領軍の飛行場でもあった広い靫公園がすぐ近くにあり、近年周囲に増えたマンションの若い家族などで賑わっている。下町感と都市的生活感とが混ざり合う、不思議なロケーションだ。

　その一角に、木造2階建て瓦屋根の小さな建物がある。正面に週刊誌などを並べた棚が置かれているから本屋だとわかる。しかし、それが大阪を中心に関西の建築界を支えてきた建築専門書店だなどと、普通の人は絶対に思わないだろう。

社長の松村智子さんは来店者へ気軽に声をかけ、いろいろなアドバイスをしてくれる

柳々堂の歴史は古い。一般には1894年（明治27）の創業とされている[1]。創業者は立田幾治郎（?-1914）という人物で、薬屋や炭屋を営んでいたが、読書好きだったため本屋に転向した。註1に挙げた『全国書籍商総覧』には、「當初より建築、美術書専門の小賣店」であったと書かれている。住所は「京町堀通二丁目一」で、現在とは違う場所だ。

　1914年（大正3）に幾治郎が亡くなったため、兄の立田茂三郎（1873-1945）が満州から戻り、二代目の社長になった[2]。茂三郎はやり手で、『全国書籍商総覧』によれば、店は「壮麗なる洋式店舗」であり、「匿名會社参文社」や「大阪雑誌商組合」の創立にも関わった。さらに、建築専門の出版社である洪洋社へ出資をし、1920年（大正9）にその特約代理店となった。同社が当時出版した書籍の奥付には、柳々堂の名前が記されている。

　三代目の社長は立田清（1906-1990）という。旧姓は和田で、香川県から大阪へ出て1919年（大正8）に柳々堂の丁稚となった。店では大正時代から配達販売が行われており、彼も自転車で建設現場を回って本を売った。清は勉強家で、大阪大倉商業学校の夜間部に通い、YMCAで英語も学んだ。立田家には跡継ぎがなく、茂三郎は彼を養子にした。そして立田姓

1 ｜ かつて筆者が、四代目社長であった松原満佐子（現・会長）に対して行った聞き取りでは、「三代目社長・立田清から、創業は1894年（明治27）と聞いた」との答えであった。そこで、「being／柳々堂」（『建築と社会』1994年1月号）と「柳々堂というネットワーク」『建築MAP大阪／神戸』（TOTO出版、1999年）ではそのように書いた。しかしその後、2013年にあらためて行った長時間の聞き取り調査の際（石坂美樹、吉井歳晴、橘川なつみと共同）、『全国書籍商総覧』（新聞之新聞社、1935年）の「柳々堂書店　立田茂三郎」の項に、「明治35年實弟幾治郎氏が京町通二丁目に創業」と書かれていることがわかり、今のところ確定できていない。

2 以下、柳々堂の歴史についての本稿の記述は、註1に書いた2013年の聞き取り調査に基づいている。註1の拙稿を書いた時点では語られなかった多くの事実が明らかになったが、本稿では書ききれず、文字数が許す範囲の補足に留めた。

となった清が結婚し、後に四代目の社長となる満佐子が1934年（昭和9）に生まれた。1940年（昭和15）に清が三代目の社長となり、戦時中も商売を続けた。日本が統治していた台湾、朝鮮、満州、樺太などにも本を送った。しかし、1945年（昭和20）3月の大阪大空襲で店は焼失する。

戦後は、現在の場所にバラックを建て商売を再開した。しかし売る本がない。窮地を救ったのが建築家の安井武雄だ。彼は清を夙川の自宅へ呼び、蔵書を提供するとともに、友人にも呼びかけて本を供出してもらい、それらを売るよう清に言った。彼はさっそく古物商の鑑札を取り、戦後の混乱を乗り切った。戦前に柳々堂が築いていた地位がわかるエピソードだ。

その後1956年（昭和31）、2階建てに建て替え、増築を重ねて現在の姿になった。時代は高度成長期となり、建設ラッシュのお陰で建築雑誌や技術書の需要が増えた。『新建築』の注文がひと月に1000冊を超えたこともある。自転車とバイクによる配達を行い、男性従業員5〜6人が担当した。住み込みの店員もいた。鴻池組と大林組のビルに支店も出した。

清は、店番と書店組合での活動を通じて多くの人と知り合い、慕われた。そのことを物語るのが、1984年（昭和59）2月に大阪グランドホテルで開かれた彼の喜寿を祝う会である。芳名帳には、建築家の東畑謙三、浦辺鎮太郎、小川正、民家研究で有名な川島宙次、新建築社の吉田義男といった名前が並んでいる。

清のあとを継いだのが娘の松原満佐子だ。1966年（昭和41）頃から日本万国博覧会場の建設が始まって千里の現場事務所から本の注文が殺到し、彼女が車で配達した。さらに鴻池ビルの支店と京町堀の本店を手伝うようになり、1986年（昭和61）に四代目の社長となった。そして2005年（平成17）、その娘の松村智子が五代目の社長、松原は会長となり、現在に至っている。

右端が立田清、その左は現社長の松村智子。昭和30年代前半の正月。店頭にて

3号まで発行された『アーキ・フォーラム in OSAKA』。いずれもB5サイズで、左から56ページ、72ページ、79ページ

こういう長い歴史をもつ柳々堂だが、松原満佐子の代から書籍販売以外の活動が始まった。その第一弾が、1993年（平成5）11月に大阪の朝日生命ホールで開いた「柳々堂創業百年記念シンポジウム」である。

「大阪未来世紀」というテーマのもと、建築家の東孝光、太田隆信、竹山聖、高橋晶子による議論が行われた。多くの聴衆は、その内容もさることながら、いつも店で見かける松原社長の艶やかな着物姿による挨拶と、店員である井上正信のキリッとした司会に驚いたのではないか。そもそも、柳々堂が100年も前からあるということを、ほとんどの人はこのとき初めて知ったに違いない。

柳々堂は、戦後もバイクや自転車による配達を続けた。お陰で、大阪市内の大小多くの設計事務所や建設会社で働く人々は、本が職場に届くサービスを甘受した。日建設計時代の私もそのひとりである。この仕組みによって、柳々堂は、多くの人と深い信頼関係を築き上げた。また、大小の建築系出版社や全国の建築専門書店ともつながった。

そして、このネットワークを活かすべく、柳々堂はシンポジウムの後、雑誌の刊行を決意した。タイトルは『アーキ・フォーラム in OSAKA』、編集担当は井上正信。創刊号が1993年11月1日付で発行された。

中身は、シンポジウムの4人のパネリストによる論考、シンポジウムの記録、そして私の「都市という罠 あるいはTOYO ITO的思考批判序説」という評論である。冒頭の「創刊の趣旨」には、この雑誌を「幅広い建築家のアイデンティティ・パフォーマンスの場と位置付け」「各地にフォーラムの輪を広げる引き金となることを期待している」とあり、柳々堂の熱い思いが伝わってくる。なお私の文章が唐突だが、書いたものの発表の当てがなかった原

稿を井上さんが拾ってくださった。

　その後、1994年（平成6）10月に2号、翌1995年11月に3号が出て、関西の若い建築家や研究者による論考や座談会が掲載された。

　1997年（平成9）からは、雑誌ではなく、「アーキフォーラム」という名の連続レクチャーへと姿を変え、2013年（平成25）まで実施された。そこに多くの建築家、研究者、評論家が招聘された[3]。世代も分野も実に多彩であり、まさに「幅広い建築家のアイデンティティ・パフォーマンスの場」となった。会場は、INAX大阪やTOTOテクニカルセンター大阪を借りた。柳々堂は裏方に徹し、テーマも人選も実行部隊の若い人たちに一任した。しかし、松原満佐子や松村智子はいつも会場に顔を出し、来場者と交流した。

3　講演者名などは次のサイトに記録されている。
http://www.archiforum.jp/archive.html

　さて、しばらく休止していた「アーキフォーラム」だが、2022年（令和4）に復活した。「回復の時代」というテーマのもと、連続レクチャーが企画されている。会場は上町荘。古いビルをリノベーションしたシェアオフィスだ。この場所ひとつとっても、企業のショールームを借りていた頃には想像もしなかった変化である。「回復」という言葉にも、今の時代の空気が反映している。

　しかしこの間、柳々堂に大きな変化は見られない。世の中はデジタル社会へと姿を変えたが、店の建物も、バイクや自転車による配達システムもこれまで通りだ。少し変わったといえば、洋書や古書を扱うようになったことくらいだろう。地域の書店でありたいという思いは強く、一般の本も置き、喫茶店から頼まれる週刊誌の配達も続いている。そして何より、建築好きの若い世代を見守る暖かな眼差しに揺らぎはない。

　親子五代にわたり維持されてきたこの小さな書店は、本と雑誌を介し、様々なコミュニケーションとそのための場所を多くの人に提供してきた。柳々堂の店舗や自分の職場で、松原さんや松村さん、あるいは店員の皆さんに声をかけられ、本や雑誌、展覧会や講演会などの情報をもらった人は多いだろう。勉強や仕事上の相談をもちかけ、アドバイスを受けた人も少なくないはずだ。ここはまさに建築の学校のような場所なのである。

2022年に再始動した「アーキフォーラム」の様子
（詳細はhttp://www.archiforum.jp）。
会場の上町荘はイケフェス大阪で公開される

御堂筋と向きあう建築たち
御堂筋85年略史

文＝嘉名光市（大阪公立大学大学院教授）

大阪のメインストリート・御堂筋は今年で竣工して85年がたった。
御堂筋に面している建築は、常にこの街路にどう向き合うかが問われてきた。
御堂筋には時代の異なるさまざまな建築が同居しているが、
それぞれの建築の向き合い方を眺めてみたい。

淀屋橋からみた御堂筋…2025年（予定）淀屋橋駅東地区都市再生事業（向かって左）、淀屋橋駅西地区第
一種市街地再開発事業（向かって右）が工事中の風景。新しい御堂筋の顔となる高層ビルが登場予定。

「廣路」の完成と「百尺規制」

1937年（昭和12）5月11日、大阪のシンボルストリートである御堂筋は竣工した。全長4.4km、幅員43.7mの広幅員道路は「廣路」と呼ばれ、当時としては破格の規模であった。御堂筋は、計画当時から沿道に建つ建築物との関係が重視された。近世に成立した町人街であった大阪都心では、沿道敷地が小さく、立派な街路ができても沿道が狭小敷地の木造2階建て町家で良いのかという問題意識から、都市計画上は沿道の建築敷地造成も模索された。しかし、関東大震災後の着工となった御堂筋は、国の財政難もあり巨額の費用が必要な建築敷地造成には至らなかった。

御堂筋が31mに軒線が整った街並みが形成されるようになったのは、戦後から高度経済成長期の頃のことである。当時、建築物を規制する法律は建築基準法が1950年（昭和25）に施行されていたが、建築物の最高高さ制限については、戦前の市街地建築物法の考えを継承し、住宅地以外では31mの高さ規制（いわゆる百尺規制）が継続されていた。

このルールは1968年（昭和43）の新都市計画法

1965年の御堂筋（平野町あたりから淀屋橋に向かって北をみる）…高さ31mでスカイラインが揃った頃。外装は変わっているが、手前の「埼玉銀行」とあるビルは現在も建っている。（大阪府公文書館蔵）

現在の御堂筋（今橋の交差点から南を見る）…31mと50mの軒線が共存している。50m軒線の建築物は4mセットバックしている。近年は軒線上にタワー建築が出現し、多様化が進んでいる。

日本生命保険相互会社本館［今橋3丁目］…設計／1期：長谷部竹腰建築事務所（1938年）、2期：日建設計（1962年）、高さ31m、手前が御堂筋パークレット。

淀屋橋odona（淀屋橋三井ビルディング・三井住友海上大阪淀屋橋ビル）［今橋4丁目・北浜4丁目］…設計／日建設計（2008年）、外装デザイン協力／ペリクラークペリアーキテクツジャパン、高さ68m、都市再生特別地区

による用途容積制への全面移行、1970年の建築基準法改正とともに撤廃されるのだが、大阪市はその後も1994年（平成6）まで、淀屋橋〜本町間については御堂筋の景観保持に関する建築指導方針として、31mの高さ制限を継続した。

　この一連の期間に御堂筋沿道には数多くの31mの高さの建築物が建てられ、軒線の連続した街並みが形成された。この時期には建築物の高さに制限がある分、敷地の併合が進み、地下階の充実などが図られた。御堂ビル（1965年）の1階エントランス部分の高さが低くなっているのは、高さ31m

という制限をいかに有効利用するかという工夫だ。

高さ規制の緩和により都市機能を拡充

しかし、メインストリートでの31mの高さ規制（淀屋橋〜本町間）は、より高度利用を進めたい都心にあってはその緩和を求める声も多く、1994年には軒線50mへの緩和（御堂筋沿道建築物のまちなみ誘導に関する指導要綱）がなされた。2004年（平成16）には淀屋橋地区都市再生特別地区が決定され、初めて50mを突破した建築物である淀屋橋odona

三菱UFJ銀行大阪ビル本館［伏見町3丁目］…設計／三菱地所設計・東畑建築事務所（2018年）、高さ101m、都市再生特別地区、御堂筋デザインガイドライン適用1号

船場センタービル［船場中央1〜4丁目］…設計／日建設計・大建設計（1970年）、改修／石本建築事務所（2015年）

積和不動産関西南御堂ビル（大阪エクセルホテル東急）［久太郎町4丁目］…設計／IAO竹田設計・竹中工務店（2019年）、高さ77m

W Osaka［南船場4丁目］…設計／日建設計（2021年）、デザイン監修／安藤忠雄、高さ117m

が建築された。

　その後、2013年（平成25）に御堂筋本町北地区・南地区で地区計画が決定され、高さ規制の考え方は大幅に変更された。ただし、これまで形成されてきた軒線によるまちなみを継承するべく、50mの軒線ラインは形成するルールが定められている。

　御堂筋の建築物ルールを大幅に見直した理由はさまざまあるが、大きくは歩いて楽しい魅力的なストリートとするための御堂筋低層部のアップデートと、ホテル、商業施設、オフィス、文化施設など多様な機能が共存する都心を実現するためのビルディングタイプを許容し、都心機能の更新を進めることにあった。

　銀行が閉まった午後3時以降も歩いて楽しい沿道景観を形成し、歩きやすく開放感のある低層部を実現するために、建築物のセットバックもルール化された。こうした沿道建築物のあり方は御堂筋デザインガイドライン（2014年）に規定されている。適用第1号の三菱UFJ銀行大阪ビル本館（2018年）では、銀行ビルでありながら御堂筋1階にはATM以外の銀行店舗機能がなく、カフェや地域の歴史や文化を紹介するギャラリーラウンジとなっている。

御堂筋（淀屋橋〜本町区間）の高さ規制の変遷

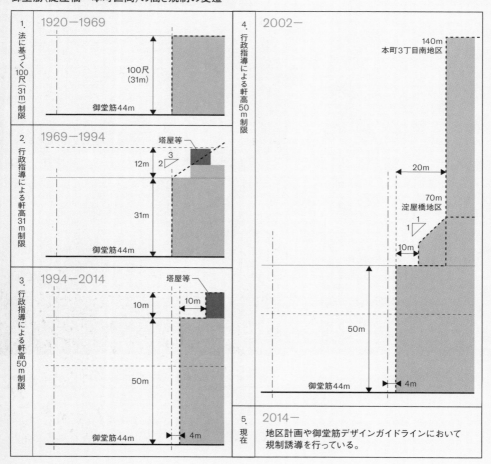

個性が共存、人が中心の街路へ

こうした一連の取り組みによって、御堂筋沿道に立地する建築は多様化が進んでいる。本町〜心斎橋付近では南御堂前の門型の建築である積和不動産関西南御堂ビル（2019年）やW Osaka（2021年）など、御堂筋との向き合い方が個性的でアイコニックな建築物も登場している。また、ミナミではルイ・ヴィトン メゾン 大阪御堂筋店（2020年）、老舗のすき焼き店であるはり重本店（1948年）、村野藤吾が設計した新歌舞伎座のデザインを継承した隈研吾による

ロイヤルクラシック大阪（2019年）など、ミナミの賑わいを彩る新旧の個性ある建築物が共存している。

現在御堂筋では、魅力あるメインストリートの形成を目指して、道路空間の再編に取り組んでいる。緩速車道（側道）の歩行者空間化やパークレットなど人中心の街路への転換が進められており、御堂筋が100歳となる2037年にはフルモール化を目指している。

御堂筋の街路空間と沿道の建築物が呼応し合い、御堂筋がますます魅力的なストリートとなっていくことに思いをはせて、たまには皆さんも御堂筋を歩いてみてはいかがだろうか。

ルイ・ヴィトン メゾン 大阪御堂筋店［心斎橋筋2丁目］…設計／ファサード：青木淳、内装：ピーター・マリノ、大成建設（2020年）、高さ37m

クロスホテル大阪［心斎橋筋2丁目］…設計／東畑建築事務所（1979年）、改修／大江匡（2007年）

はり重本店［道頓堀1丁目］…1948年。前面は道路空間再編のリ・デザインが進められている御堂筋。

ホテルロイヤルクラシック大阪［難波4丁目］…設計／隈研吾建築都市設計事務所・鹿島建設（2019年）、高さ／85m

若きミーツ編集部員がめぐる ニュースな美術館建築

関西ナンバーワンのリージョナル・マガジン『Meets Regional』のエディターが、
ニューオープンやリニューアルで話題の美術館へ。
今回はあえて展示ではなく、「建築」として楽しんでいただきました。
大阪の街を知り尽くしているとはいえ、ふだんは建物についてあまり意識しないというお二人。
若き編集者の目に、美術館建築はどのように映ったのでしょう。

01

大阪中之島美術館

Nakanoshima Museum of Art, Osaka

今年2月のオープン以来、モディリアーニや岡本太郎など話題性のある展覧会を重ねている大阪中之島美術館。開館前から建築としても注目を集めていました。開館についてはもちろん知っていたという林原さんですが、訪れるのは今回が初めて。「黒い建物の中がどうなっているのか気になっていた」そうです。

出迎えてくれたのは館長の菅谷富夫さん。パッサージュと呼ばれる自由に通ることができるエリアから、1分半をかけて昇る長いエスカレーターで展示室入口のある4階へと向かいます。「時間をかけてゆっくり展示室へと向かう中で、気分が変わっていくんです」という菅谷館長の言葉に、林原さんも頷きます。

フロアを結ぶ階段の設計やオリジナルの家具についてなど、説明を聞くうちに建築への解像度が高まってきた林原さん。「展覧会みたいに建築の音声ガイドもほしい!」と、新境地を開いたご様子でした。

訪ねた人 林原和也さん（左）
ミーツ編集部の新人エディター。ファッションとお酒が大好き。

案内した人 菅谷富夫さん（右）
大阪中之島美術館館長。準備室時代から長きにわたり、開館のために尽力。専門は近代デザイン。

INFO
大阪中之島美術館（P.60）
近現代の美術作品を中心に所蔵し、日本や世界の絵画史を概観できる充実のラインアップを誇る。また、大阪と関わりのある作家やデザインの作品の収集にも力を入れている。コンペを経て設計者が決まるなど建築としても開館前から注目を集めていた。設計：遠藤克彦建築研究所

◀オープンに合わせて建物に設置された、ヤノベケンジ氏による《SHIP'S CAT (Muse)》(2021) がお出迎え

Scene 1
大阪中之島美術館の一番の特徴である「パッサージュ」。上下左右さまざまな動線の中心で、多くの人が行き交う空間となっている。「シルバーのストライプの連続性が美しいですね！」と林原さん。

Scene 2
2階のチケットカウンターから4階の展示室まで一気に昇る長いエスカレーター。「ワクワクしますね」という林原さんに、「この時間がいいんですよ」と菅谷館長も笑顔。

いろいろ教えてもらえると
建築の見方が変わって
きますね（林原）

Scene 4
館内にはデザインコンペで選ばれたオリジナルの家具も。「上から見ると中之島の『N』になっているんです」と菅谷館長。実際に座って確かめてみよう。

Scene 3
5階から4階へ向かう階段。ヤノベケンジ氏の作品「ジャイアン・トらやん」が設置されている。トらやんを間近に眺めながらゆっくり階段を下りる体験も美術館ならでは。

● 林原さんの感想　線幅がすべて均一で壁に収まったルーバーや、モノトーンの空間内で唯一木を使った暖かい空間になっているトらやん横の階段など、職人や建築家の技にときめきました。あとベンチもかっこいいです！欲しい…（笑）

02

続いては、大学時代に空間デザインを専攻していたというすあまあかりさんが、天王寺の大阪市立美術館へ。

これまでに何度も訪れたことがある場所でしたが、内藤栄館長の「実はイスラム風のデザインがあるんです」の言葉にびっくり。エントランスホールを見上げると、確かにイスラム建築を思わせる尖塔型のアーチが。2025年春のリニューアルオープン後は、このエントランスを彩るシャンデリアは取り外され、1936年（昭和11）開館当初の天井が復元されるそう。

「市立美術館と言えばこのシャンデリアだったので少し寂しいですが、80年以上前の姿をどう再現するのか楽しみです」（すあまさん）

館長からは「リニューアル後は無料で過ごせるエリアが増え、美術館の東側に広がる慶沢園を望むカフェもできますよ」と再会が待ち遠しくなる情報も。「気軽に楽しめる美術館になりそう」と、すあまさんも期待を膨らませていました。

INFO　大阪市立美術館（P.60）
住友家が自邸の敷地を美術館建設のために大阪市へ寄贈し、1936年（昭和11）に開館。市民による寄贈を中心に、中国書画や東洋美術では世界有数のコレクションを所蔵。今年秋からリニューアルのために一時閉館し、2025年春に再開館を予定している。

Scene 1

大阪市立美術館のシンボル的存在でもある、エントランスホールのシャンデリアを見上げる。耐震性の関係から取り外されることが決まっているが、「リニューアル後は一部、自然光を採り入れる開館当時の採光法で展示を行う場所もあるんですよ」と内藤館長。

訪ねた人 すあまあかりさん（右）
ファッション／カルチャーコラム担当。大学時代は空間デザインを学び、味園ビルのバーでアルバイトも。

案内した人 内藤栄さん（左）
大阪市立美術館館長。専門は仏教工芸史。リニューアルに向けての準備を先頭に立って進める。

駅や公園からすぐ近くにあるのが強み。若い人にもどんどん来てほしい（内藤）

Scene 2

ホール2階の回廊部分のアーチは、よく見ると確かにイスラム風の雰囲気。「どうしてこんなデザインなんですか?」というすあまさんの質問に、内藤館長のお答えは「外国の意匠を取り入れ、最新であることをアピールしたかったのかもしれません」。

あ、確かにアーチの先がちょっと尖ってますね（すあま）

何度も来ているのに、このデザインには気がつきませんでした
（すあま）

Scene 3

2階の回廊から建物正面の窓を覗くと、特徴的な形をした飾りが。「これは中国ぽい感じがします」とすあまさんがおっしゃる通り、いろいろな国の文化を感じさせるデザインが組み合わさっているのが面白い。

Scene 4

2階のバルコニーから特別に慶沢園を見せてもらい、感激するすあまさん。「1階にできるカフェではこの庭を見ながら過ごしていただけます。美術館は豊かな気持ちになれる場所でなければ」と、内藤館長も意気揚々。

●すあまさんの感想　シャンデリアで西洋的な印象が強かったのですが、イスラム風のアーチ、日本のお寺風な格子の天井…とアジアの要素も多く取り入れているという発見が。慶沢園は歴史的な庭園とあべのハルカスが同時に楽しめて圧巻。リニューアルが楽しみです。

次にすあまさんが向かったのは藤田美術館。長年、明治時代の古い蔵を使って展示を行ってきましたが、今年4月に最新の美術館として生まれ変わりました。

　自ら設計にも関わった藤田清館長の建築へのこだわりに、すあまさんも興味津々。蔵の梁を使った大きなベンチや、展示室の入口にある超重厚な金属製の扉など、歴史へのリスペクトが至るところに溢れています。

　すあまさんの注目は外からもよく見える「あみじま茶屋」。「気軽にお茶を楽しんでほしい」という藤田館長の思いから設けられたもので、「美術館にこんなお洒落な場所があるなんて。ミーツでも紹介できるかな」とすっかりお気に入り。

　美術館に隣接する日本庭園にも感動したようで、「こんな場所が大阪にあるんですね」とすあまさん。大阪の街をくまなく歩くミーツ編集部員にも、ミュージアム建築はまだまだ発見の多いテーマのようです。

案内した人 藤田清さん（左）
藤田傳三郎から数えて5代目。2013年に館長に就任し、新築にあたり設計にも深く関わる。

もともとあった蔵の扉なんですよ（藤田）

Scene 1
館内には藤田家の歴史を感じさせるものがいっぱい。昔の蔵に使われていた家紋入りの扉はそのまま展示室の入口に。特大の梁はその大きさを体感できるようにとベンチに転用。

INFO 藤田美術館（P.73）
明治時代の実業家・藤田傳三郎をはじめとする藤田家のコレクションを公開する美術館として、1954年（昭和29）に開館。自邸の蔵を改装した建物だったが、老朽化のため2017年に一時閉館し、2022年4月に再オープンを果たした。

めっちゃお洒落ですね（すあま）

Scene 2

「あみじま茶屋」では、ワンコイン（500円）でお茶とお団子がいただける。「ここだけでも利用できるなんて嬉しい！」とすあまさん。藤田館長は「カウンターの壁は左官仕上げです」とさりげなくこだわりを披露。

この壁もぜんぶ
左官職人の方に
仕上げてもらいました
（藤田）

展示を見なくても
入れる場所があるのは
いいですね（すあま）

Scene 4

「大阪じゃないみたい」とすあまさんが驚いた日本庭園。隣接する藤田邸跡公園に連なっています。

Scene 3

茶室兼多目的スペースの「時雨亭」から庭園を眺めるお二人。「座って見ると、ちょうどビルが目に入らないように設計されているんです」と藤田館長。

┌─── ミーツからのおすすめ！ ───┐

Meets Regional No.410／2022年10月号
「住みたくなる、谷町特集」
（現在発売中・600円）

新陳代謝が進む空堀商店街。個性的なワンショップ、家族で行きたいレストランなど住む街としても人気の谷町を一挙紹介！

『うまい本 2023』
（11月8日(火)発売・990円）

今年オープン間もない新星を皮切りに、オープン2年以内の京阪神の注目レストランが一同に。2022年のうまい総決算。

●すあまさんの感想　現代建築の中ぽつんとある蔵が存在感大で、旧き良きものの大切さを感じる空間でした。また、庭を眺めるというのも茶道の文化。茶道具のコレクションが軸という美術館だけあって、庭園の魅せ方に配慮した建築への細かい工夫も驚きでした。

橋爪紳也 ｜ はしづめ・しんや

1960年大阪市生まれ。大阪公立大学研究推進機構特別教授、大阪公立大学観光産業戦略研究所長。工学博士。「生きた建築」概念を提唱、生きた建築ミュージアム大阪実行委員会委員長を務める。建築史・都市文化論専攻。『大阪マラソンの挑戦』、『占領下の大阪・関西』、『大阪万博の戦後史：EXPO'70から2025年万博へ』ほか著書は100冊以上。

倉方俊輔 ｜ くらかた・しゅんすけ

1971年東京都生まれ。大阪公立大学大学院教授。建築史の研究や執筆の他、生きた建築ミュージアム大阪実行委員会委員を務めるなど、建築の魅力的な価値を社会に発信する活動を展開している。主な著書に『京都 近現代建築ものがたり』、『はじめての建築01 大阪市中央公会堂』、『東京モダン建築さんぽ』、『吉阪隆正とル・コルビュジエ』、『別冊太陽 日本の住宅100年』（共著）などがある。

花田佳明 ｜ はなだ・よしあき

1956年愛媛県生まれ。京都工芸繊維大学特任教授。神戸芸術工科大学名誉教授。博士（工学）。専門は近代建築の保存・再生と建築設計理論。市中の建築のリノベーションにも関わってきた。主な著書に『建築家・松村正恒ともうひとつのモダニズム』、『植田実の編集現場』、『初めての建築設計』（共著）、編書に『老建築稼の歩んだ道 松村正恒著作集』、『日土小学校の保存と再生』（共編）などがある。

嘉名光市 ｜ かな・こういち

1968年大阪生まれ。都市計画家。大阪公立大学大学院教授。博士（工学）・技術士（都市及び地方計画）・一級建築士。京阪神を中心に都市計画・都市デザイン、エリアマネジメントの研究と実践に取り組んでいる。御堂筋空間再編、中之島通歩行者空間化、水都大阪の再生など。大阪市都市景観委員会委員長、生きた建築ミュージアム大阪実行委員会副委員長ほか。編著に『生きた景観マネジメント』、『都市を変える水辺アクション 実践ガイド』など。

宮沢 洋 ｜ みやざわ・ひろし

編集者、画文家。1967年東京生まれ。1990年早稲田大学政治経済学部卒業、日経BP社入社。2016年〜19年まで日経アーキテクチュア編集長。2020年4月から磯達雄とOffice Bungaを共同主宰。著書に『隈研吾建築図鑑』、『日本の水族館五十三次』、『画文でわかる モダニズム建築とは何か』（藤森照信氏との共著）、『建築巡礼』シリーズ（磯達雄との共著）、建築ネットマガジン「BUNGA NET」https://bunganet.tokyo/を運営中。

髙岡伸一 ｜ たかおか・しんいち

1970年大阪生まれ。建築家、近畿大学建築学部准教授。博士（工学）。大阪を主なフィールドに、建築ストックの改修設計や、近現代建築を活用したイベントなど、様々な手法を用いて大阪の都市再生に取り組む。生きた建築ミュージアム大阪実行委員会事務局長。主な作品に大正時代の建築をリノベーションした『井池繊維会館』や『北浜長屋』など、主な著書に『新・大阪モダン建築』（共著）など。本書では全体の編集を担当。

イケフェス大阪2022
全参加建物リスト

建物インデックス

β本町橋

エリアマップ

イケフェス参加建物
全体位置図

N

Ⅰ キタエリア ↓ P.47

26 大阪市立住まいのミュージアム
[大阪くらしの今昔館]

天神橋筋六丁目駅

Ⅵ 大阪城周辺エリア ↓ P.53

Ⅱ 船場・中之島エリア ↓ P.48 P.49

Ⅲ 西船場・川口エリア ↓ P.50

Ⅳ 南船場・ミナミ① エリア ↓ P.51

Ⅴ ミナミ② ・新世界エリア ↓ P.52

Ⅷ コスモスクエア P.54

50 源ヶ橋温泉

46

Ⅶ 文の里・天下茶屋 P.54

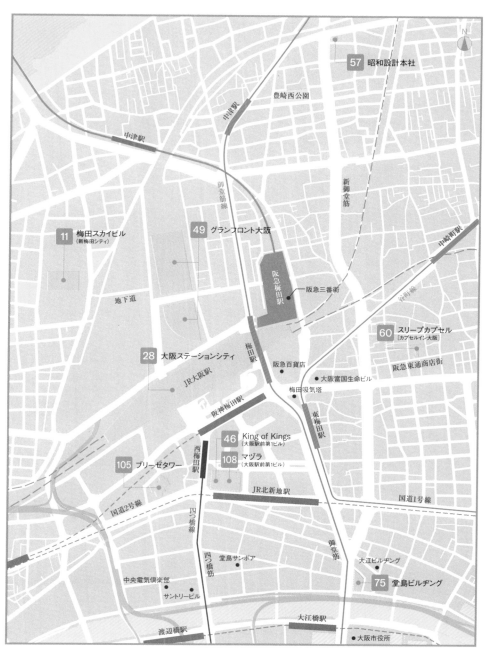

57 昭和設計本社

豊崎西公園

中津駅

中津駅

御堂筋線

新御堂筋

中崎町駅

谷町線

11 梅田スカイビル
（新梅田シティ）

49 グランフロント大阪

阪急梅田駅

阪急三番街

地下道

60 スリープカプセル
［カプセルイン大阪］

阪急東通商店街

28 大阪ステーションシティ

梅田駅

JR大阪駅

阪急百貨店

大阪富国生命ビル

梅田吸気塔

阪神梅田駅

東梅田駅

105 ブリーゼタワー

西梅田駅

46 King of Kings
（大阪駅前第1ビル）

108 マヅラ
（大阪駅前第1ビル）

JR北新地駅

国道1号線

国道2号線

四つ橋線

四つ橋筋

堂島サンボア

御堂筋

大江ビルヂング

75 堂島ビルヂング

中央電気倶楽部

サントリービル

大江橋駅

渡辺橋駅

大阪市役所

↓ Ⅱ 船場・中之島エリア P.48-49

Ⅱ 船場・中之島エリア

↑ Ⅰ キタエリア P.47

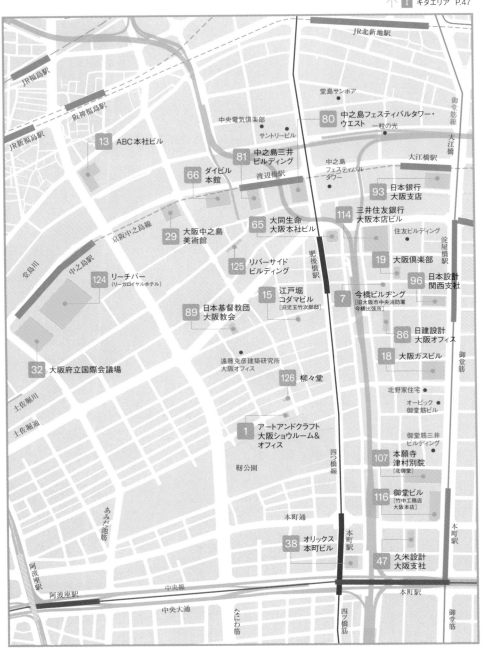

JR北新地駅

堂島サンボア

中央電気倶楽部

サントリービル

大江橋駅　大江橋　御堂筋線

13 ABC本社ビル

80 中之島フェスティバルタワー・ウエスト　一粒の光

81 中之島三井ビルディング

66 ダイビル本館

渡辺橋駅

中之島フェスティバルタワー

93 日本銀行大阪支店

阪神福島駅

JR新福島駅

京阪中之島線

29 大阪中之島美術館

65 大同生命大阪本社ビル

114 三井住友銀行大阪本店ビル

住友ビルヂング　淀屋橋駅

19 大阪倶楽部

堂島川

中之島駅

124 リーチバー（リーガロイヤルホテル）

125 リバーサイドビルディング

肥後橋駅

96 日本設計関西支社

15 江戸堀コダマビル［旧児玉竹次郎邸］

7 今橋ビルヂング［旧大阪市中央消防署今橋出張所］

89 日本基督教団大阪教会

86 日建設計大阪オフィス

18 大阪ガスビル

32 大阪府立国際会議場

遠藤克彦建築研究所大阪オフィス

126 柳々堂

北野家住宅

オービック御堂筋ビル

土佐堀川

土佐堀通

御堂筋三井ビルディング

1 アートアンドクラフト大阪ショウルーム＆オフィス

107 本願寺津村別院［北御堂］

靱公園

116 御堂ビル［竹中工務店大阪本店］

あみだ池筋

本町通

本町駅

池田池筋

38 オリックス本町ビル

本町駅

47 久米設計大阪支社

阿波座駅

中央線

本町駅　御堂筋

中央大通

御堂筋

↙ Ⅲ 西船場・川口エリア P.50

谷町線

国道1号線

南森町駅

大阪天満宮駅

堺筋線

御堂筋線

大江ビルヂング

75 堂島ビルヂング

35 大阪弁護士会館

34 大阪府立
中之島図書館

90 日本基督教団
天満教会

大江橋駅

大江橋

大江橋駅

22 大阪市中央公会堂

●大阪市役所

51 光世証券本社ビル

京阪淀屋橋駅

ハドソンストリート
1947

なにわ橋駅

難波橋

42 北浜レトロビルヂング
[北浜レトロ]

天神橋

55 ジオ・グラフィック・
デザイン・ラボ

土佐堀通

95 日本生命保険
相互会社本館

12 浦辺設計

北浜駅

京阪北浜駅

41 北浜長屋

大川

愛珠幼稚園

4 新井ビル

24 大阪証券
取引所ビル

淀屋橋駅

115 三菱UFJ銀行
大阪ビル本館

48 グランサンクタス
淀屋橋

関西ペイント本社ビル

113 三井住友銀行
大阪中央支店・
天満橋支店

127 ルポンドシエルビル
[大林組旧本店]

オペラドメーヌ
高麗橋

76 東畑建築事務所
本部・本社
オフィス大阪

高麗橋通

56 芝川ビル

104 伏見町宗田家住居
[CuteGlass Shop and Gallery]

121 安井建築設計事務所
本社・大阪事務所

91 日本基督教団
浪花教会

44 旧小西家住宅
史料館

87 日本圧着端子製造
株式会社

2 青山ビル

伏見通

道修町通

103 伏見ビル

長谷エコーポレーション

77 都住創
内淡路町

37 小川香料
株式会社

平野町通

東横堀川

6 生駒ビルヂング
[生駒時計店/サービスオフィス北浜T4B]

●清水猛商店大阪支店

69 武田道修町ビル
[旧武田長兵衛商店本社社屋・
旧武田薬品本社ビル]

淡路町通

36 大塚グループ
大阪本社
大阪ビル

70 田辺三菱製薬
株式会社
本社ビル

62 船場
ビルディング

瓦町通

中大江
公園

森田ビルディング

118 綿業会館

備後町通

101 フジカワビル

大阪商工会議所ビル

123 輸出繊維会館

安土町通

106 β本町橋

本町通

本町駅

25 大阪商工信用金庫
本店ビル

122 山本能楽堂

61 船場センタービル

堺筋本町駅

中央大通

本町駅

中央線

三休橋筋

御堂筋

堺筋

松屋町筋

78 井池繊維会館
[ドブカン]

VI 大阪城周辺エリア P.53

↓ IV 南船場・ミナミ①エリア P.51

生きた建築ミュージアムフェスティバル大阪2022

49

● 大阪市中央卸売市場

94 日本聖公会 川口基督教会

● 中之島漁港

安治川

江之子島 文化芸術創造センター ●

阿波座駅

阿波座駅

中央大道

新なにわ筋

千日前線

中央線

松島公園

西長堀駅

九条駅

土佐公園

西長堀 アパート ●

西長堀駅

長堀鶴見緑地線

大阪市立 中央図書館 ●

ドーム前千代崎駅

● 京セラドーム

新なにわ筋

千日前線

道頓堀川

59 新桜川ビル

桜川駅 ●

Ⅴ ミナミ②・新世界エリア　P.52 ↘

38 オリックス本町ビル

61 船場センタービル

中央線　中央大通

本町駅

堺筋本町駅

堺筋線

御堂筋線

78 井池繊維会館 [ドブカン]

三休橋筋

立売堀ビルディング ●

難波別院 (南御堂)

御堂筋ダイビル ●

109 三木楽器開成館

御堂筋

堺筋

79 長瀬産業株式会社 大阪本社ビル

四つ橋線

30 大阪農林会館

99 原田産業株式会社 大阪本社ビル

堺筋倶楽部 ●

17 オーガニックビル

23 大阪写真会館 (Time & Style Osaka)

西大橋駅

心斎橋駅

長堀通

長堀橋駅

心斎橋駅

四ツ橋駅

長堀橋駅

64 大成閣

南小 ⊗

67 大丸心斎橋店 本館

日本基督教団 ● 島之内教会

82 浪花組本社ビル

四ツ橋筋

「御堂筋八幡町」交差点

「堺筋八幡町」交差点

三津寺 ●

道頓堀橋

58 食道園 宗右衛門町本店ビル

54 自安寺

道頓堀川

相合橋

純喫茶アメリカン ●

御堂筋

法善寺 ●

堺筋

なんば駅

JR難波駅

なんば駅

大阪難波駅

千日前線

千日前通

近鉄奈良線

国立文楽劇場 ●

日本橋駅

味園ユニバース ●

↓ V ミナミ②・新世界エリア P.52

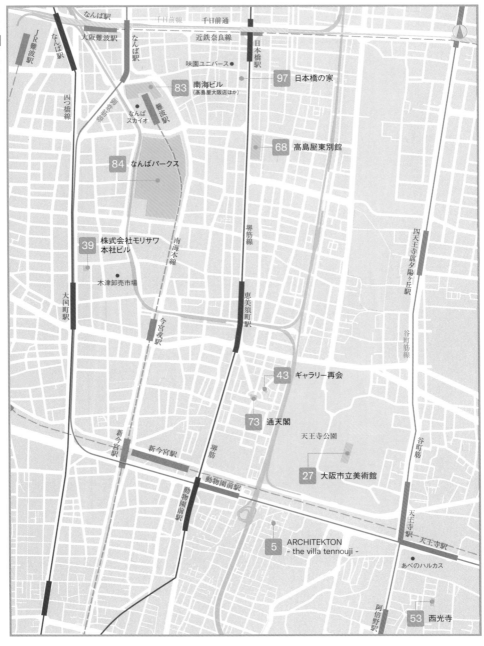

← Ⅲ 西船場・川口エリア P.50

なんば駅
千日前線　千日前通
大阪難波駅
近鉄奈良線
なんば駅
JR難波駅
日本橋駅
味園ユニバース
四つ橋線
83 南海ビル（髙島屋大阪店ほか）
97 日本橋の家
なんば駅
なんばスカイオ
難波駅
68 髙島屋東別館
84 なんばパークス
南海本線
堺筋線
39 株式会社モリサワ本社ビル
木津卸売市場
恵美須町駅
大国町駅
今宮戎駅
四天王寺前夕陽ヶ丘駅
谷町筋線
43 ギャラリー再会
新今宮駅
73 通天閣
新今宮駅
天王寺公園
堺筋
27 大阪市立美術館
動物園前駅
動物園前駅
谷町筋
天王寺駅
天王寺駅
5 ARCHITEKTON - the villa tennouji -
あべのハルカス
阿倍野駅
53 西光寺

大阪城周辺エリア

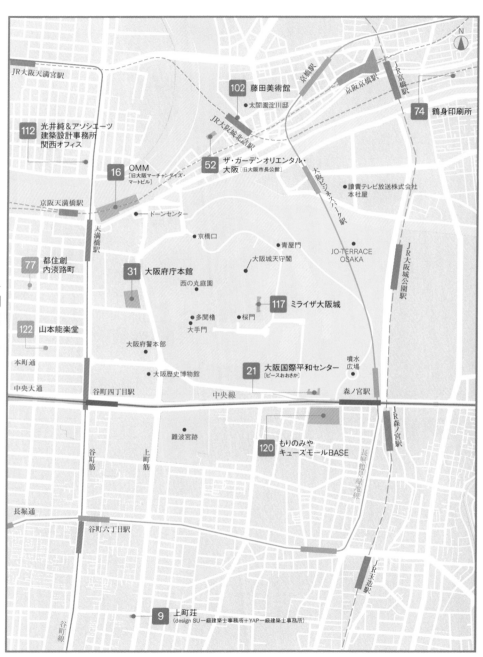

←
Ⅱ
船場・中之島エリア P.49

102 藤田美術館
・太閤園淀川邸

74 鶴身印刷所

112 光井純＆アソシエーツ
建築設計事務所
関西オフィス

16 OMM
［旧大阪マーチャンダイズ・
マートビル］

52 ザ・ガーデンオリエンタル・
大阪［旧大阪市長公館］

・讀賣テレビ放送株式会社
本社屋

・ドーンセンター

・京橋口

・青屋門

大阪城天守閣

JO-TERRACE
OSAKA

77 都住創
内淡路町

31 大阪府庁本館
西の丸庭園

117 ミライザ大阪城

・多聞櫓
大手門

・桜門

122 山本能楽堂

大阪府警本部

21 大阪国際平和センター
［ピースおおさか］

噴水
広場

・大阪歴史博物館

JR大阪天満宮駅
京橋駅
京阪京橋駅
JR京橋駅
JR大阪城北詰駅
京阪天満橋駅
天満橋駅
大阪ビジネスパーク駅
JR大阪城公園駅
本町通
中央大通
谷町四丁目駅
中央線
森ノ宮駅
JR森ノ宮駅

難波宮跡

120 もりのみや
キューズモールBASE

長堀鶴見緑池線

谷町筋
上町筋

長堀通
谷町六丁目駅

JR玉造駅

谷町線

9 上町荘
（design SU一級建築士事務所＋YAP一級建築士事務所）

Ⅶ | コスモスクエア／文の里・天下茶屋エリア

コスモスクエアエリア

中央線
大阪港咲洲トンネル
コスモスクエア駅
ニュートラム
トレードセンター前駅
大阪港国際フェリーターミナル

119 森ノ宮医療大学 桜棟
[森ノ宮医療大学さくらポート]

85 西尾レントオール
咲洲木造アリーナ (仮称)

110 ミズノ大阪本社ビル
[ミズノクリスタ]

大阪府咲洲庁舎

3 アジア太平洋トレードセンター
[ATC]

8 インテックス大阪

98 ハイアット リージェンシー 大阪
[エタニティ・凛-rin-]

中ふ頭駅

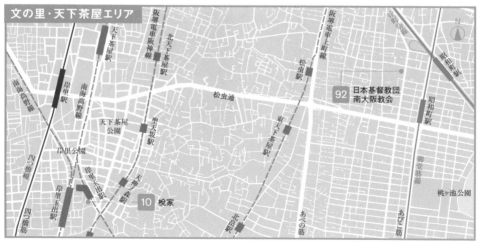

文の里・天下茶屋エリア

南海高野線
天下茶屋駅
阪堺電車阪神線
北天下茶屋駅
阪堺電車上町線
松虫駅
松虫通
昭和町駅
昭和通
岸里駅
南海高野線
天下茶屋公園
聖天坂駅
東天下茶屋駅
92 日本基督教団
南大阪教会
御堂筋線
桃ヶ池公園
四つ橋線
岸里公園
岸里玉出駅
天神ノ森駅
四つ橋筋
10 梲家
北畠駅
あべの筋
あびこ筋

大塚グループ大阪本社 大阪ビル

1　アートアンドクラフト 大阪ショウルーム＆オフィス

📷 Photo. Ai Hirano

1994年に設立された時には、今のように「リノベーション」が日常的な言葉になったり、建築と不動産がつながったり、個性的な宿泊施設が運営されたりするとは想像できなかった。時代を切り開いた遊び心が、事務所の雰囲気からも伝わる。

所在地 西区京町堀1-13-24-1F　創業年 1994年　M P.48

2　青山ビル　　国登録有形文化財

高級輸入食品を扱う野田屋などを展開した野田源次郎邸として建てられた。スパニッシュスタイルの外観を覆い尽くす蔦は甲子園から株分けされたもの。戦後間もなくに青山家が取得してテナントビルに。

所在地 中央区伏見町2-2-6　建設年 1921年
設計 大林組（増築部：伊東恒治）　M P.49

3　アジア太平洋トレードセンター [ATC]

南港エリア開発の目玉の一つとして建設された。遊戯的な機械のような色彩豊かなデザインは、ウォーターフロント開発がブームだった当時の世界水準。親水空間にも力が注がれており、海側から見る全貌は圧巻だ。

所在地 住之江区南港北2-1-10　建設年 1994年
設計 株式会社日建設計　M P.54

4　新井ビル　　国登録有形文化財

神戸を拠点に活躍した河合浩蔵設計の銀行建築。古典主義様式から脱却しようと、幾何学的でモダンな要素が盛り込まれている。元営業室の吹抜空間は人気スイーツ店・五感の本店として有名。

所在地 中央区今橋2-1-1　建設年 1922年
設計 河合建築事務所（河合浩蔵）　M P.49

5　ARCHITEKTON - the villa tennouji -

天王寺の中心部にありながら、長屋なども多く残るエリアに佇む小さな多目的の一棟貸しvilla。ガルバリウム鋼板に包まれた内部には、アンモナイトのように渦巻くらせん階段が中心に配され、その遠心力で全体が統合されたかのような不思議な立体空間が、独特の体験を提供する。

所在地 西成区山王1-8-13　建設年 2020年
設計 SUGA ATELIER（スガショウタロウ）　M P.52
 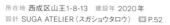

6　生駒ビルヂング　　国登録有形文化財 [生駒時計店／サービスオフィス北浜T4B]

当時の最先端の意匠・アール・デコをまとった生駒時計店の店舗兼事務所ビル。屋上の時計は幾何学的でモダン、時計塔の下の縦に長い出窓と2階の丸窓は時計の振り子のよう。そして内部の階段の豪奢と言ったら。

所在地 中央区平野町2-2-12　建設年 1930年
設計 宗建築事務所　M P.49

7 今橋ビルヂング [旧大阪市中央消防署今橋出張所]
国登録有形文化財

かつて1階に消防車が止まっていた小さな消防署が再生され、イタリアンレストランに。2階と3階を貫くチューダー調のアーチが特徴。店名のダル・ポンピエーレはイタリア語で「消防士」の意味。

所在地 中央区今橋4-5-19　建設年 1925年
設計 不詳　 P.48

8 インテックス大阪

西日本最大の国際展示場。センタービルと6つの展示場を分散配置し、大小さまざまなイベントを同時に開催できるように計画された。まず目を引く大きな半円形のドームが人々を迎え入れ、全体を統合している。

所在地 住之江区南港北1-5-102　建設年 1985年(1号館〜5号館)／1993年(6号館)　設計 東畑建築設計事務所　 P.54

9 上町荘 [design SU 一級建築士事務所＋YAP一級建築士事務所]

建築やウェブなど、多彩なクリエイターのシェアオフィス。もともと交差点に建つ低いビルであるため、隅切りの割合が大きく、広いガラス窓が街に開けている。建物の特性を読み取った活用で、さまざまな仕事と実験の交差点を実現。

所在地 中央区上本町西4-1-68　建設年 2014年(リノベーション)
設計 白須寛規＋山口陽登　 P.53

10 桃家 [うだつや]

岸里玉出駅至近の住宅街にひっそりと佇む隠れ家的な宿泊施設は、1913年に建てられた規模の大きな町家建築。座敷などの造作はそのままに、屋根裏のようなつし2階は宿泊室へとうまく活用されている。

所在地 西成区玉出東1-5-17
建設年 1913年／2018年(リノベーション)　設計 不明　 P.54

11 梅田スカイビル (新梅田シティ)

シルエットですぐにそれと分かる。そんな建築が日本にどれだけあるだろう? 建築家の原広司に設計を託して、近くで見ても多様な造形。2棟をつなぐ部分は地上で建設され、1日で持ち上げられた。建設技術もすごい。

所在地 北区大淀中1-1-88　建設年 1993年
設計 原広司＋アトリエ・ファイ建築研究所　 P.47

12 浦辺設計

コンバージョンの先駆けである倉敷アイビースクエアで知られる、倉敷出身の建築家・浦辺鎮太郎が開設した設計事務所。大阪では千里中央の千里阪急ホテル(1970年〜)がよく知られ、現在は北浜の川沿いにオフィスを設ける。

所在地 中央区北浜2-1-26　創業年 1962年　 P.49

13 ABC本社ビル

再生木材を使用した千鳥格子のルーバーは、設計チームに加わった隈研吾らしいデザイン。堂島川沿い

の広場「リバーデッキ」に面して、公開番組の収録を行う多目的ホールが設けられ、広場と市民と放送局との接続が試みられている。

所在地 福島区福島1-1-30　建設年 2008年　設計 隈研吾(隈研吾建築都市設計事務所)・NTTファシリティーズ　M P.48

14 EXPO'70パビリオン

会期中に多くの人を集めた鉄鋼館が保存され、1970年の大阪万博の盛り上がりを伝えるパビリ

オンに。H型鋼の柱梁、打放しコンクリートの組み合わせが迫力。建築家・前川國男による関西では貴重な現存作でもある。

所在地 吹田市千里万博公園(万博記念公園内)　建設年 1970年
設計 前川國男

15 江戸堀コダマビル
[旧児玉竹次郎邸]　国登録有形文化財

綿布商を営む児玉竹次郎の本宅として建てられた。設計施工を担当した岡本工務店はヴォーリズと関係が深く、スパニッシュに和風を折衷したデザインとなっている。かつては背面に江戸堀川が流れていた。

所在地 西区江戸堀1-10-26　建設年 1935年
設計 岡本工務店　山中茂一　M P.48　大阪セレクション

16 OMM
[旧大阪マーチャンダイズ・マートビル]

開館当時は西日本で最も高いビルとして、22階の回転展望レストラン「ジャンボ」が人気を博した。

所在地 中央区大手前1-7-31　建設年 1969年　設計 竹中工務店
M P.53

17 オーガニックビル

壁に132の植木鉢が付いて、まさに「オーガニック(有機的)」で奇抜なビル。これが老舗の本社屋と聞くと意外な気がするけれど、1848年の創業以来、健康に良い自然な昆布を扱ってきた店と知ると、少し納得かも。

所在地 中央区南船場4-7-21　建設年 1993年
設計 ガエタノ・ペッシェ・UDコンサルタンツ　M P.51　大阪セレクション

18 大阪ガスビル
国登録有形文化財

設計は大阪倶楽部と同じ安井武雄による。時代の最先端を行く幾何学的な外観が都市改造の一環と

して拡幅された御堂筋に適合している。戦後に増築された建物の北側半分にも、そのデザインが生き生きと引き継がれている点も見どころ。

所在地 中央区平野町4-1-2　建設年 1933年(南館)／
1966年(北館)　設計 安井武雄(南館)／安井建築設計事務所(佐野正一)(北館)　M P.48　大阪セレクション

19 大阪倶楽部

大阪倶楽部は幅広い業種、業界の社交倶楽部として設立。中之島図書館と同じ設計者による初代の会館が焼失した後に建てられた現在の会館は、大阪ガスビルなどを後に手がける安井武雄の出世作と、建築家も一流だ。

所在地 中央区今橋4-4-11　建設年 1924年
設計 安井武雄　M P.48

20 大阪公立大学
杉本キャンパス

登録有形文化財となっている1号館をはじめ、旧図書館、2号館、体育館など、先進的なモダニズムの影響を受けた戦前期の学舎が今も現役。御堂筋の拡幅、御堂筋線の開通と並び、大大阪時代の構想力の大きさが分かる。

所在地 住吉区杉本3-3-138　建設年 1933〜1935年
設計 大阪市土木部建設課(伊藤正文)

21 大阪国際平和センター
［ピースおおさか］

「大阪空襲を語り継ぐ平和ミュージアム」でデザインされているのは、変化に富んだ空間。展示の合間にふと外にあるビルや公園の緑が見えた時、そんなありふれた楽しみも「平和」に支えられていることに気づかされる。

所在地 中央区大阪城2-1　建設年 1991年
設計 株式会社シーラカンス・大阪市都市整備局営繕部　M P.53

22 大阪市中央公会堂

岩本栄之助の寄付で建てられ、気鋭の建築家・岡田信一郎の原案をもとに片岡安・辰野金吾が遠目にも華やかなデザインに仕立てた。市民らの力で守られ重要文化財となり、2018年に開館100周年を迎えた。

所在地 北区中之島1-1-27　建設年 1918年　設計 岡田信一郎
(原案設計)／辰野片岡建築事務所(実施設計)　M P.49

23 大阪写真会館
(Time & Style Osaka)

現在の長谷工コーポレーションが手がけた高度経済成長期の「いいビル」。かつては写真・カメラ関連のテナントが並ぶカメラ好きのメッカだった。ミラノやアムスにも店舗をもつインテリアショップ「TIME & STYLE」が2021年にオープンしたことで、改めてその魅力が浮き彫りに。

所在地 中央区南船場2-7-14　建設年 1963年
設計・施工 長谷川工務店　M P.51

24 大阪証券取引所ビル

現代的なビルに建て替わっても、金融街の顔として親しまれた外観は残された。吹き抜けのエントランスホールも当初からの空間。楕円形なのは直交していない堺筋と土佐堀通の関係を調整するため。設計者の技量が光る。

所在地 中央区北浜1-8-16　建設年 1935年(1期)／
2004年(2期)　設計 長谷部竹腰建築事務所(1期)
／三菱地所設計・日建設計設計監理JV(2期)　M P.49

25 大阪商工信用金庫本店ビル

2017年竣工の本店ビルは安藤忠雄の設計。かつてあった本町ビル屋上を飾っていた、建築家・今井兼次による巨大なレリーフを、最新の3D技術を用いて復元し、誰でも近づける2階水庭に再生した。

所在地 中央区本町2-2-8　建設年 2017年
設計 安藤忠雄　🅼 P.49

26 大阪市立住まいのミュージアム
［大阪くらしの今昔館］

大阪という都市の江戸後期から昭和まで、「住まいと暮らしの歴史と文化」をテーマにした日本初の専門ミュージアム。

江戸時代の大坂の町並みを、綿密な考証に基づいて実物大で再現したフロアは圧巻。

所在地 北区天神橋6-4-20　建設年 2001年
設計 日建設計・大阪くらしの今昔館　🅼 P.46

27 大阪市立美術館　国登録有形文化財

美術品はもちろん、建築にも注目したい。中央の屋根は日本の倉のよう。伝統文様の青海波を応用した鬼瓦も独特で、内部のホール

にはイスラム風のアーチが用いられる。世界各地の要素を独創的に組み合わせたデザインなのだ。

所在地 天王寺区茶臼山町1-82（天王寺公園内）
建設年 1936年／1992年（地下展覧会室新設）／
1998年（南館改修）　設計 大阪市建築部営繕課　🅼 P.52

28 大阪ステーションシティ

南北のビルがホームの上の幅広い通路で結ばれ、その上部の「時空（とき）の広場」から発着する電車も、行き交う人々も眺

めることができる。約180m×約100mもの大屋根によって、便利で自然な環境が実現された。

所在地 北区梅田3-1-1, 3　建設年 2011年
設計 西日本旅客鉄道株式会社　🅼 P.47

29 大阪中之島美術館

黒いキューブが宙に浮いたような建物の内部は、立体的な構成に。パッサージュと呼ばれる通り抜け可能な

通路はまわりの街とつながり、アートが周囲の緑や川の輝きと呼応する。豊かなコレクションを味わうのにふさわしい空間がある。

所在地 北区中之島4-3-1　建設年 2021年
設計 株式会社遠藤克彦建築研究所　🅼 P.48

30 大阪農林会館　国登録有形文化財

ファッション関係など、感度の高いショップが集まる近代建築として有名。三菱商事のオフィスとして建てられ、今も各階に大きな金庫の扉が残る。この時代としては窓の大きいのが特徴で、室内が自然光で明るく映える。

所在地 中央区南船場3-2-6　建設年 1930年
設計 三菱合資地所部　営繕課　🅼 P.51

31 大阪府庁 本館　国登録有形文化財

竣工後96年を迎える現役最古の都道府県庁舎。2016年に免震工事完了しており、中央吹抜・大階段など見どころが多い。

所在地 中央区大手前2　建設年 1926年／2016年（東館 耐震改修）／2018年（西館 撤去）　設計 平林金吾・岡本馨　M P.53

32 大阪府立国際会議場

機械で分割できるメインホール、ドーム型の特別会議場、真っ赤な屋上のアンテナから江戸時代のデザインにヒントを得た机や椅子まで、設計者・黒川紀章の面白さが詰まった「グランキューブ」（大きな立方体）だ。

所在地 北区中之島5-3-51　建設年 2000年　設計 黒川紀章建築都市設計事務所　M P.48

33 大阪府立狭山池博物館

見たことのない光景を作り出す安藤忠雄の構想力の大きさがわかる一作。狭山池の風景の一部となった巨大な箱には、移築展示された幅約62mの堤が収まり、長大な水庭空間も圧巻。建物の内外に共通して、土木スケールの空間と時間が流れている。

所在地 大阪狭山市池尻中2丁目　建設年 1999年（建築物完成）／2001年（博物館開館）　設計 安藤忠雄建築研究所

34 大阪府立 中之島図書館　国指定重要文化財

住友家の寄付による図書館は、1世紀を超えて今も現役。住友に属した野口孫市による設計は、当時の日本の古典主義様式の習熟度の高さを示している。2016年からはカフェも開設された。

所在地 北区中之島1-2-10　建設年 本館（1904年）／左右翼棟（1922年）　設計 住友本店臨時建築部（野口孫市、日高胖）　M P.49

35 大阪弁護士会館

「市民に開かれた弁護士会」というのが、この新会館の建設にあたって大阪弁護士会が決めたコンセプトの筆頭だった。吹き抜けのエントランスロビーは50mを超える長さ。美しい開放感で、開かれた姿勢を象徴する。

所在地 北区西天満1-12-5　建設年 2006年　設計 日建設計　M P.49

36 大塚グループ大阪本社 大阪ビル

鋭角な三角形のカーテンウォールが特徴的なオフィスビル。三角形は単なるデザインではなく、構造と一体化したダイヤゴナル・フレームとなっていて、執務空間の無柱化を実現している。隣接して設けられた事業所内保育園の屋根も三角形というこだわりぶり。

所在地 中央区大手通3-2-27　建設年 2014年　設計 日建設計　M P.49

37 小川香料株式会社 大阪支店

1893年に小川香料は香料を専業として創業。日本で最も歴史のある香料専業会社の旧本社ビル。全体にアールを用いたアール・デコ調のデザインで、テラコッタによって縁取りされた庇が窓を貫通するデザインがユニーク。2019年に大規模な改修工事を行い、最上階を減築して新築当初の形に戻した。

所在地 中央区平野町2-5-5　建設年 1930年／1963年（増築）／2019年（減築・リノベーション）　設計 本間乙彦　M P.49

38 オリックス本町ビル

超高層ビルの多くない西本町界隈にあって、ひときわ目立つオリックスの大阪本社ビルは、高さ133mの地上29階。28階に設けられたオープンエアの展望テラスからは、大阪の夜景を360度楽しむことができる。

所在地 西区西本町1-4-1　建設年 2011年　設計 竹中工務店　M P.48

39 株式会社モリサワ本社ビル

モリサワは1924年に創業し、大阪に本社を構える「文字」のトップメーカー。普段予約が必要なMORISAWA SQUAREでは、同社発明の写植機など企業の歴史と共に、文字に関する貴重なコレクションを展示。

所在地 浪速区敷津東2-6-25　建設年 2009年　設計 東畑設計事務所　M P.52

40 関西大学千里山キャンパス

巨匠・村野藤吾と関西大学との関係は深い。戦後間もない1949年から晩年の1980年にかけて、千里山キャンパスで

● Photo. 橋寺知子

約40の建物を実現。その約半数が現存し、機能と立地を受け止めた多彩な表情を見せている。

所在地 吹田市山手町3-3-35　建設年 1953年　設計 村野藤吾 他

41 北浜長屋　　国登録有形文化財

船場の川沿いに残る唯一の木造建築は、1912年に建設された和洋折衷の二軒長屋。耐震補強を含めたリノベーションによって、人気のカレー店とカフェへと再生された。川の眺めと、2階道路側の金属天井が見どころ。

所在地 中央区北浜1-1-22　建設年 1912年／2017年（リノベーション）設計 高岡伸一建築設計事務所（リノベーション）　M P.49

42 北浜レトロビルヂング [北浜レトロ]　　国登録有形文化財

近代的なビルの谷間で、今や小さいことで目立っているのは、1912年に「北浜株友会倶楽部」として建てられた煉瓦造2階建のクラシックな洋館。1997年英国スタイルの紅茶と菓子の店舗にリノベーションされ、北浜に新たな人の流れを生み出した。

所在地 中央区北浜1-1-26　建設年 1912年／1997年（リノベーション）　設計 大林組　M P.49

43 ギャラリー再会 国登録有形文化財

繊細で可憐なデザインが、ヨーロッパの田舎町のような風情を醸し出す。店内では美しい曲線を描く階段が出迎える。以前は1階が若者、2階がカップル専用の喫茶スペースで、お見合いの席として利用されていたとも。

所在地 浪速区恵美須東1-4-16　建設年 1953年
設計 石井修　 P.52

44 旧小西家住宅史料館 国指定 重要文化財

船場の町人の暮らしを今に伝える貴重な存在。戦災を免れた船場の町家としては最大規模。薬種業を始めた小西儀助が建てた。ボンドで有名なコニシが2020年から史料館として公開。

所在地 中央区道修町1-6-9　建設年 1903年　設計 不詳
Ⓜ P.49

45 近畿大学アカデミックシアター

従来の大学図書館の概念を大きく超えたビブリオシアターを中心に、最新の大学施設が集約された複合建築。「自然」「アーカイブ（図書）」「ふるまい（プロジェクト）」が不連続に連続する都市的デザイン。

所在地 東大阪市小若江3-4-1　建設年 2016年／2019年
設計 株式会社NTTファシリティーズ

46 King of Kings（大阪駅前第1ビル）

有名喫茶店マヅラの姉妹店で、同じ1970年にオープンしたバー。宇宙的なインテリアはほぼ当時のままで、大阪万博の時代の雰囲気を強く感じさせる。壁一面のガラスモザイクタイルがなんとも幻想的。

所在地 北区梅田1-3-1 大阪駅前第1ビルB1F　建設年 1970年
設計 沼田修一　Ⓜ P.47

47 久米設計大阪支社

戦後の団地計画に大きな足跡を残した建築家、久米権九郎が創立した組織設計事務所。大阪における団地の先駆けとして知られる大阪市営市中団地には、ドイツに学んだ久米の知見が大いに活かされた。

所在地 中央区本町4-3-9　創業年 1953年　Ⓜ P.48

48 グランサンクタス淀屋橋

近代建築の外壁を活かした分譲マンションは、全国的にも大変珍しい。最初は辰野金吾が設計し、10年後に國枝博が繊細な文様をもつテラコッタで外観を大改修、その壁を現代の法規に合わせて曳家して保存・活用した。1階にはカフェも。

所在地 中央区今橋3-2-2　建設年 1918年／1929年／
2013年　設計 辰野片岡建築事務所／（改修）國枝博／
（建替）IAO竹田設計　Ⓜ P.49

49 グランフロント大阪

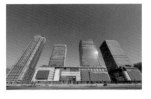

「まちびらき9周年」を迎え、話題の新店舗がオープンするなど進化を続けるグランフロント大阪。街の玄関口「うめきた広場」、街の顔となる「南館」、ナレッジキャピタルを擁する「北館」が複合し、季節を感じるイベントなども多彩に展開している。

所在地 北区大深町4-1（うめきた広場）、4-20（南館）、3-1（北館）　建設年 2013年　設計 日建設計・三菱地所設計・NTTファシリティーズ　M P.47

50 源ヶ橋温泉　　国登録有形文化財

大阪には個性的な銭湯建築が多く建てられたが、源ヶ橋温泉は今なおその佇まいを残す貴重な存在。客を迎える1対の自由の女神と、両脇に設けられた丸窓のステンドグラスが印象的。銭湯としての営業を終え、今後の活用を模索中。

所在地 生野区林寺1-5-33　建設年 1937年　設計 不詳　M P.46

51 光世証券本社ビル

独特の世界観で建築を表現する建築家、永田祐三の作品。外観は英国の輸入ブリックを積み上げることで重厚感と陰影を生み出している。イタリア製鍛鉄との組み合わせは迫力満点で、最上階のホールから眺める中之島の景色も見事。

所在地 中央区北浜2-1-10　建設年 2000年
設計 永田・北野建築研究所（永田祐三、北野俊二）　M P.49

52 ザ・ガーデンオリエンタル・大阪
［旧大阪市長公館］

戦前の洋館のような気品と、戦後ビルのような誠実なつくりを兼ね備えた建築。正面は車寄せを中心に変化に富み、裏手のバルコニーは芝生の広がりに対応する。工業素材を巧みに用いた階段、庭の茶室など見どころ多数。

所在地 都島区網島町10-35　建設年 1959年　設計 竹腰健造　M P.53

53 西光寺

400年以上の歴史を持つ寺院が現代的に建て替えられた。打放コンクリートの奥に、市街地の賑わいの中でも厳かな空気が感じられるよう、本堂まで続く約35mの参道を設計。以前の梵鐘や木造装飾などが随所に再配置されている。

所在地 阿倍野区松崎町2-3-44　建設年 2015年
設計 コンパス建築工房（西濱浩次）　M P.52

54 自安寺

日蓮宗の寺院である自安寺は、2018年に逝去した京都大学の建築家・川崎清の設計で、RC打放しと、道頓堀川に面してボックスを積み上げたようなデザインが特徴。家具などにデザイナーの粟津潔が関わっている。

所在地 中央区道頓堀1丁目東5-13　建設年 1968年　設計 川崎清　M P.51

55 ジオ-グラフィック・デザイン・ラボ

一見、建築設計事務所らしくない名称に「永く使われ続けるデザインとは、土地や使う人との関係性を繋いでいくものではないか」という代表・前田茂樹の思想が刻まれている。大阪に生まれ、2008年に事務所を設立。

所在地 中央区北浜東1-29-7F　創業年 2008年　M P.49

56 芝川ビル　　　　　国登録有形文化財

建物内・外部には意匠を凝らした装飾があちらこちらにちりばめられ、4階のテラスは都会の喧騒からぽっかり抜け出したような異空間で、時間が経つのを忘れてしまう。

所在地 中央区伏見町3-3-3　建設年 1927年
設計 渋谷五郎(基本構造)・本間乙彦(意匠)　M P.49

57 昭和設計本社

昭和設計が設計した建築を、すでにあなたも目にしているはず。そう言えるくらい、数多くの学校、病院、オフィス、集合住宅、レジャー施設から再開発に至るまで、大阪を基盤に実現させてきた。その歩みは社会の歩みでもある。

所在地 北区豊崎4-12-10　創業年 1957年　M P.47

58 食道園宗右衛門町本店ビル

老舗の焼肉店が千日前通の拡幅による移転で建てたレストランビル。設計した生山高資はスナックやダンスホールなど商業施設を多く手がけた建築家で、1階は壁や天井など凝りに凝ったオリジナルのデザインが多く残る。

所在地 中央区宗右衛門町5-13　建設年 1968年
設計 生美術建築デザイン研究所(生山高資)　M P.51

59 新桜川ビル

低層部に店舗や事務所を配した「併存住宅」。バウムクーヘンのような形が阪神高速のカーブと呼応して、ダイ

Photo. Yoshiro Masuda

ナミックな都市景観を創出。2015年、アートアンドクラフトが現代的にリノベーション。

所在地 浪速区桜川3-2-1　建設年 1959年／2015年(リノベーション)
設計 大阪府住宅協会(現・大阪府住宅供給公社)　M P.50

60 スリープカプセル(カプセルイン大阪)

都会的な宿泊施設として今、注目されているカプセルホテル。その第1号がここ。考案者が黒川紀章に設計させた最初のスリープカプセルが健在だ。曲面の構成や手元で操作できる機械類など、未来のイメージが新鮮。

所在地 北区堂山町9-5　建設年 1979年
設計 黒川紀章建築都市設計事務所　M P.47

61 船場センタービル

70年大阪万博までに都心の高速道路網を完成させるため、ビルの上に道路を載せるという大胆なアイデアが採用された全長約1kmの巨大都市構築物。かつては茶色のタイル張りだったが、2015年に現在のパネルに改修された。

所在地 中央区船場中央1〜4 建設年 1970年
設計 日建設計・大建設計 🅼 P.49

62 船場ビルディング　国登録有形文化財

外からは想像がつかないのが、玄関を抜けた先にある中庭。空の下、4階までの外廊下が全部見える。大正時代の船場で荷馬車などを引き込むのに便利なようにと考えたつくり。それが今も、このビル独特の親密感を生んでいる。

所在地 中央区淡路町2-5-8 建設年 1925年
設計 村上徹一 🅼 P.49

63 千里阪急ホテル

本格的な回顧展で近年再評価の機運が高まる浦辺鎮太郎の作品。南面する伸びやかなスタッコ調の白い外壁と赤い庇、その前にはプールが広がり、緑豊かな千里ニュータウンのリゾートホテルとして、長く親しまれてきた。

所在地 豊中市新千里東町2-1 建設年 1970年（第Ⅰ期）／1976年（第Ⅱ期）／1984年（第Ⅲ期） 設計 浦辺建築事務所／浦辺鎮太郎

64 大成閣

創業1953年の歴史をもつ老舗中華料理店で、結婚披露宴など、600名まで収容できるスペースを誇る。心斎橋で数多くの建築を手がけた村野藤吾は、アルミ成形材を用いて立体的なファサードをデザインした。1980年に間口を広げる増築が行われている。

所在地 中央区東心斎橋1-18-12 建設年 1964年／1980年（増築）
設計 村野・森建築事務所（村野藤吾） 🅼 P.51

65 大同生命大阪本社ビル

1925年にヴォーリズによって建てられた旧本社ビルのデザインを踏襲し、オリジナルのテラコッタを一部再利用するなどして1993年に建て替えられた。大同生命は、江戸時代よりこの地に店を構えた豪商・加島屋を源流に持つ。

所在地 西区江戸堀1-2-1 建設年 1993年
設計 日建設計・一粒社ヴォーリズ建築事務所 🅼 P.48

66 ダイビル本館

通りに面して彫りの深い装飾を配し、彫刻家・大国貞蔵の「鷲と少女の像」が玄関上部に乗る。壮麗な玄関ホールや外壁も含め、大正時代のビルの内外装を新ビルに丁寧に継承。物語性のある雰囲気を界隈に提供している。

所在地 北区中之島3-6-32
建設年 2013年（旧ダイビル本館 1925年）
設計 日建設計（旧ダイビル本館 渡邊節設計事務所） 🅼 P.48

67 大丸心斎橋店本館

ウィリアム・メレル・ヴォーリズが手がけた旧本館の水晶塔や外壁を保存し、アール・デコ様式のインテリアを巧みに再現。大正末から昭和初めの商業空間の華やかさと、現代の保存・再現技術の最先端に出会うことができる。

所在地 中央区心斎橋筋1-7-1 建設年 1933年／2019年（建替え） 設計 ウィリアム・メレル・ヴォーリズ（1933年）／日建設計、竹中工務店（2019年）   P.51

68 髙島屋東別館　国指定重要文化財

大大阪時代のメインストリート、堺筋に残る最後の百貨店建築は、その歴史的価値を保存したまま、史料館やサービスレジデンス（滞在型ホテル）、フードホール等のある施設へとリノベーションされた。11連のアーチと、華やかなアールデコのデザインが圧巻。

所在地 浪速区日本橋3-5-25 建設年 1928〜1940年 設計 鈴木禎次 P.52

69 武田道修町ビル[旧武田長兵衞商店本店社屋・旧武田薬品本社ビル]

大阪の建築は増築に愛がある。壁が少し奥まった所が戦後の建て増し。窓や壁のつくりに気を配り、国の重要文化財・京都府庁旧本館の設計者として知られる松室重光のオリジナルのデザインを引き立てている。

所在地 中央区道修町2-3-6 建設年 1928年 設計 片岡建築事務所（松室重光）   P.49

70 田辺三菱製薬株式会社本社ビル

「くすりのまち」道修町と三休橋筋の交差点に建つ新しい高層ビルは、低層部をガラス張りにして公開空地と一体的な空間を生みだし、地域コミュニティの拠点となっている。2階に設けられた田辺三菱製薬史料館も充実。

所在地 中央区道修町3-2-10 建設年 2015年 設計 大林組 P.49

71 中央工学校OSAKA一号館

数少ない大阪の丹下健三設計の校舎は、巨匠75歳頃の作品。千里丘陵の豊かな緑を背景に、連続するヴォールト屋根が映える。狭い敷地の校舎にたくみに吹抜空間を挿入することで、学びの場としての一体感が生まれている。

所在地 豊中市寺内1-1-43 建設年 1988年 設計 丹下健三

72 陳列館ホール[花博記念ホール]

花博で松下幸之助が私財を投じて建設し、後に大阪市に寄贈されたホール。設計した建築家・磯崎新と構造家・川口衛のコンビは同年、バルセロナ五輪の屋内競技場をスペインに完成させた。国際的な大阪の建築。

所在地 鶴見区緑地公園2-135 建設年 1990年 設計 磯崎新

73 通天閣　　国登録有形文化財

銀色に輝く姿は、大阪の戦後の元気のシンボル。戦中に失われた「通天閣」を、地元商店街の人々などが出資して復活させた。初代のイメージから脱皮したいという地元の意向で、デザインは一変した。それがまた元気。

所在地 浪速区恵美須東1-18-6　建設年 1956年
設計 内藤多仲、竹中工務店　Ｍ P.52

74 鶴身印刷所

戦前に小学校の講堂として建設されたとされる線路沿いの細長い木造建築は、1946年に印刷工場となり、そして2018年、トラスの大きな屋根の下に多様な人々が集う、新たなスペースへとリノベーションされた。

所在地 城東区新喜多1-4-18　建設年 1939年／2018年（リノベーション）
設計 不詳／株式会社アートアンドクラフト（リノベーション）　Ｍ P.53

75 堂島ビルヂング

御堂筋の拡幅工事よりも前に、絶対高さ制限の31mで建てられた。かつてはホテルや百貨店、倶楽部などが入居する複合ビルで、東京の丸の内ビルと比肩される存在だった。2度の改修で外観に面影はないが、躯体は当時のまま。

所在地 北区西天満2-6-8　建設年 1923年
設計 竹中工務店（藤井彌太郎）　Ｍ P.47

76 東畑建築事務所 本部・本社オフィス大阪

1932年創業の大阪を代表する建築設計事務所の一つ。発展の理由は、創業者・東畑謙三が実務的な設計に優れていたため。それが深い教養に根ざしていたことをうかがわせる国内最大・最良の建築書のコレクションを所有。

所在地 中央区高麗橋2-6-10　創業年 1932年　Ｍ P.49

77 都住創内淡路町
とじゅうそう

日本のコーポラティブハウスの草分けである都住創シリーズは、その多くが谷町周辺に建設されている。その中でも内淡路町は、セットバックする斜めの外壁と、個性的なデザインのコラージュが目を引く。

Photo. 田籠哲也 ➡

所在地 中央区内淡路町2-1-7　建設年 1986年　設計 ヘキサ　Ｍ P.49

78 井池繊維会館 ［ドブカン］　　国登録有形文化財

長らく外壁を金属の新建材で覆われていた、大正時代の元銀行建築を、2016年にリノベーション。建物のコンセプトに共鳴するテナントの集積やイベントの開催など、井池筋活性化の新たな拠点として活用が進む。

所在地 中央区久太郎町3-1-16
建設年 1922年／2016年（リノベーション）
設計 不明／高岡伸一建築設計事務所（リノベーション設計）　Ｍ P.51

79 長瀬産業株式会社 大阪本社ビル

初代通天閣を設計した設楽貞雄による近代建築と並ぶ増築棟は、当時竹中工務店に所属した永田祐三の設計による高層ビル。装飾を自在に操る永田だからこその抑えた表現が、新旧に高度な調和を生みだしている。

所在地 西区新町1-1-17 建設年 1928年（本館）／1982年（新館） 設計 本館：設楽建築工務所（設楽貞雄）／新館：竹中工務店（永田祐三）   P.51

80 中之島フェスティバルタワー・ウエスト

ツインタワーでは国内最高を誇る高さ200mのビルは、ホテル、オフィス、美術館などが入る超複合ビル。丸みを持たせたシルエットは、朝日ビルの伝統を継承したデザイン。夜景では縦のストライプが更に強調される。

所在地 北区中之島3-2-4 建設年 2017年 設計 日建設計（構造・設備設計協力：竹中工務店） P.48

81 中之島三井ビルディング

デザインアーキテクトを務めたのは、世界の多くの超高層ビルをデザインしたシーザー・ペリ。曲面と金属素材を駆使して織り上げられた張りのある表皮のデザインが、2019年7月に92歳で没した巨匠らしい。

所在地 北区中之島3-3-3 建設年 2002年 設計・監理 日建設計・デザインアーキテクト：シーザーペリ アンド アソシエイツ P.48

82 浪花組本社ビル

個性的な商業施設がデザインを競うミナミの繁華街にあって、一際異彩を放つ複雑で立体的なファサード

は、村野藤吾の設計による老舗の左官会社の本社ビル。村野は他にも、浪花組関連の建築を数多く手がけた。

所在地 中央区東心斎橋2-3-27 建設年 1964年 設計 村野・森建築事務所（村野藤吾） P.51

83 南海ビル（髙島屋大阪店ほか）

長く続く壁を16本のコリント式の壁柱とアーチで整えた、ルネサンス様式のターミナルビル。重厚な外観によって、これが南

海電気鉄道の起点であり、幅広い御堂筋を南で受け止める終点でもあることに応えている。

所在地 中央区難波5-1-60 建設年 1932年 設計 久野節建築事務所   P.52

84 なんばパークス

商業施設の建設が、立体的な憩いの場づくりにつながることを証明した作品。建物の間のキャニオンストリートは渓谷のようにダイナミック。

地上9階まで段状に続くパークスガーデンでは、多種多様な植物と触れ合える。

所在地 浪速区難波中2-10-70 建設年 2003年（1期オープン）／2007年（全館オープン、2期オープン） 設計 株式会社大林組（設計）、THE JERDE PARTNERSHIP（デザイン協力） P.52

85 西尾レントオール 咲洲木造アリーナ（仮称）

木造で素早く大規模な建物をつくる「木造モジュール」の技術によって実現したもの。規格化された部材で国産木材を活用し、繰り返し転用が可能。木の風合いを生かした空間となり、断熱性や遮音性にも優れている。

所在地 住之江区南港北1-9-1（地番、現時点） 建設年 2022年
設計 株式会社コア、株式会社ATA　M P.54

86 日建設計大阪オフィス

旧住友ビルを設計した住友本店臨時建築部を源流にもつ日本最大級の建築設計事務所。日建設計のオフィスは、そこからほど近い淀屋橋の西エリアに位置する。この界隈は、沿道企業の協力による整った並木の街路景観も注目。

所在地 中央区高麗橋4-6-2　創業年 1900年　M P.48

87 日本圧着端子製造株式会社

内外を仕切る12cm角の杉材はボルト留めされて、交換可能なつくり。伊勢神宮の式年遷宮と同じく20年に1度、取り替えられる想定だ。床も天然木材で、入口で靴を脱ぐ。先端企業による新しいオフィスの試みである。

所在地 中央区道修町3-4-7　建設年 2013年
設計 Atelier KISHISHITA＋Man*go design　M P.49

88 日本圧着端子製造株式会社　大阪技術センター別館 -Kahdeksankulmio-

木製ルーバーが特徴的な大阪本社ビルを手がけた建築家による、同社の研究試験施設の建て替え。一辺2mの木造の八角形で全体を構成し、現場の施工性と将来の拡張性を確保している。試験所とは思えない木で覆われたインテリアが魅力的。

所在地 西淀川区竹島 3-9-24　建設年 2017年（建物竣工）／2020年（外構竣工）　設計 Atelier KISHISHITA

89 日本基督教団 大阪教会　　府指定有形文化財

教会を得意としたW・M・ヴォーリズによる、赤煉瓦のプロテスタント教会。簡素なロマネスク様式で、正面玄関上のバラ窓と6層の塔が象徴的。阪神淡路大震災で被害を受けたが、見事に修復された。

所在地 西区江戸堀1-23-17　建設年 1922年　設計 ヴォーリズ建築事務所（ウィリアム・メレル・ヴォーリズ）　M P.48

90 日本基督教団 天満教会　　国登録有形文化財

1879年設立の歴史をもつ教会で、現在の教会堂は創立50周年を記念して建設された。建築家の中村鎮が考案した「鎮（ちん）ブロック」工法が採用されている。礼拝堂の楕円アーチ梁を更にアーチでくり抜く構造が軽快。

所在地 北区天神西町4-15　建設年 1929年／1959年（増改築）／2012年（保存・改修）　設計 中村建築研究所 中村 鎮（まもる）　M P.49

91 日本基督教団浪花教会

1877年設立の歴史を
もつ。都心の狭い敷地
に建つゴシック様式の
教会で、尖塔アーチの色
ガラスが美しい。ヴォーリ
ズ建築事務所の指導
により竹中工務店の石
川純一郎が設計した。

所在地 中央区高麗橋2-6-2　建設年 1930年
設計 竹中工務店（ヴォーリズ建築事務所が指導）　M P.49

92 日本基督教団 南大阪教会

独立前の村野藤吾が
手がけた実質的なデ
ビュー作。その教会塔
を残し、建て替えられ
た礼拝堂部分は、村野
最晩年の作品でもある。
幾何学的な教会塔に
対する、自由な造形と巧みに光を用いた礼拝堂の
対比に、その足跡をみることができる。

所在地 阿倍野区阪南町1-30-5　建設年 1928年（教会塔）／1981年
（礼拝堂）　設計 村野藤吾　M P.54

93 日本銀行大阪支店

東京の日本銀行
本店の7年後に
完成した、同じ明
治の大建築家・
辰野金吾の作品。
左右対称の毅然

とした佇まい。中央ドーム内部の重厚なインテリア
も見ものだ。移設して残された階段室とともに明治
時代を体験できる。

所在地 北区中之島2-1-45　建設年 1903年（旧館竣工）／
1980年（新館竣工）／1982年（旧館復元・改築工事完了）
設計 辰野金吾ほか（旧館）／日建設計（新館）　M P.48

94 日本聖公会 川口基督教会

府指定有形文化財

かつて外国人居留地だっ
た川口に建つ教会は、ゴ
シック様式をもとにしたイ
ギリス積レンガ造で、礼拝
堂の屋根を支える木製の
シザーズ・トラスが空間に
緊張感を与えている。施
工は大阪教会と同じ岡本
工務店が担当した。

所在地 西区川口1-3-8　建設年 1920年／1998年
（復元）　設計 ウィリアム・ウィルソン　M P.50

95 日本生命保険相互会社本館

堂々とした変わらぬ姿
で御堂筋に佇む生き
た建築。装飾はほと
んどないが、全体の
プロポーションを研ぎ
澄ませ、隅を少し丸め

るなど細部に配慮して、古典的な風格を街に与え
ている。この戦前の設計が持つ品位が隣の南館、
裏手の超高層ビルの外観にも引き継がれている。

所在地 中央区今橋3-5-12　建設年 1938年（1期）年／
1962年（2期）　設計 長谷部竹腰建築事務所
（1期）／日建設計（2期）　M P.49

96 日本設計関西支社

大手組織設計事
務所の中にあって
歴史は比較的、新
しい。日本初の超
高層ビルである霞
が関ビルの設計
チームが中心とな

り、1967年に設立。その際のモットーが共創と都市
デザインで、大阪ではNU茶屋町や上本町YUFURA
などに生かされている。

所在地 中央区高麗橋4-1-1　開設年 1972年　M P.48

97 日本橋の家

世界的建築家・安藤忠雄が、間口たったの2.9mの条件に挑んだ。トレードマークの打放しコンクリートで、奥行き約15mの土地に設計した4階建。その空間のドラマはあなたの目で、いや、全身の感覚でお確かめを。

所在地 中央区日本橋2-5-15　建設年 1994年
設計 安藤忠雄（安藤忠雄建築研究所）　M P.52

98 ハイアット リージェンシー 大阪
（エタニティ・凛-rin-）

国際展示場の開場に併せて、当時はまだ珍しかった国際ブランドのホテルが上陸。2006年に新設されたチャペルは建築家・青木淳氏の設計で、リングを立体的に組んだ構造体が、幻想的な内部空間をつくり出している。

所在地 住之江区南港北1-13-11　建設年 2006年（エタニティ）／2012年（凛-rin-）　設計 青木淳（エタニティ）／野井成正（凛-rin-）　M P.54

99 原田産業株式会社 大阪本社ビル

国登録
有形文化財

左右対称を崩し、大きなガラス開口をもつ商社の本社ビルは、古典様式から脱却して自由なデザインを模索した小笠原祥光の設計。内部の保存状態も良く、エントランスの吹抜空間に設けられた優雅な階段が素晴らしい。

所在地 中央区南船場2-10-14　建設年 1928年
設計 小笠原建築事務所（小笠原祥光）　M P.51

100 播谷商店
はりたに

国登録有形文化財

角地に建つ昭和初期の町家。1階は石張りの腰壁上部に連続する格子窓、下屋は銅板葺に一文字瓦、外壁は黒タイル、箱軒、高い2階の豪壮な外観である。隣接する土蔵の外観との比較から、近代町家の特徴が窺われる。

所在地 非公表　建設年 1929年／2015年（内装工事・耐震改修）
設計 不明／有限会社設計処草庵（内装・耐震）

101 フジカワビル

国登録有形文化財

戦後復興期に村野藤吾が手がけた画廊ビル。ガラスブロックの壁にサッシュをはめ込んだ入れ子のファサードが面白い。フジカワ画廊だった1階と2階を2016年に改修、新たに老舗の楽器店・丸一商店が店舗を構えた。

所在地 中央区瓦町1-7-3　建設年 1930年／2002年
設計 村野・森建築事務所（村野藤吾）　M P.49

102 藤田美術館

実業家・藤田傳三郎と息子の平太郎、徳次郎によって築かれた日本有数の東洋古美術コレクションを公開する美術館。2022年4月にリニューアルオープンした建築が、歴史ある庭石や多宝塔のある庭と調和している。

所在地 都島区網島町10-32　建設年 2020年
設計 大成建設株式会社設計部　M P.53

103 伏見ビル　国登録有形文化財

当初はホテルとして建てられた。現在は客室を活かしたテナントビルとして使われている。1931年に所有者が変わった際、大規模な改修が施されたが、全体に丸みを帯びたデザインが特徴。

所在地 中央区伏見町2-2-3　建設年 1923年
設計 長田岩次郎　M P.49

104 伏見町 旧宗田家住居
［CuteGlass Shop and Gallery］

大正時代の古民家を改装し、美しいガラス容器を扱うショップ＆ギャラリーとして日本精工硝子株式会社が運営。蔵を生かしたギャラリーでは昔懐かしい瓶など、貴重なコレクションを展示。和室の真ん中から防空壕跡をのぞき込む珍しい体験もできる。

所在地 中央区伏見町2-4-4
建設年 1925年／1931年（改築）／2018年（修景・改修）
設計 不詳／ウズラボ（修景及び耐震補強改修）　M P.49

105 ブリーゼタワー

サンケイビルの跡地に建つ超高層ビルは、国際コンペの名だたる建築家の中から、若手ドイツ人建築家がデザインアーキテクトに選ばれ話題に。東京五輪のロゴをデザインした野老朝雄氏が関わるなど見どころも多い。

所在地 北区梅田2-4-9　建設年 2008年
設計 デザインアーキテクト：クリストフ・インゲンホーフェン　M P.47

106 β本町橋

市内現役最古の橋である本町橋のたもとにオープンした、水都・大阪の新たな実験基地。都市木造の開放的な空間が、水辺と街と人をつなぐパブリックスペースとなるよう、様々なプロジェクトを展開している。フードや書籍などの物販も充実。

所在地 中央区本町橋4-8　建設年 2021年
設計 MIST+高橋勝建築設計事務所　M P.49

107 本願寺津村別院［北御堂］

戦後、鉄筋コンクリート造で復興された本堂は、幅広い御堂筋に負けない長い門、象徴的な階段、明瞭な内部など、他に類を見ない都市的なデザイン。世界の丹下健三を押し立てた東大教授・岸田日出刀の構想力が冴える。

所在地 中央区本町4-1-3　建設年 1962年
設計 岸田日出刀　M P.48

108 マヅラ（大阪駅前第1ビル）

そのデザインから近年再評価の著しい喫茶店「マヅラ」のコンセプトはずばり「宇宙」。1970年という時代と相俟って、唯一無二の空間が生みだされた。100歳を超えたオーナーが現役なのも素晴らしい。

所在地 北区梅田1-3-1 大阪駅前第1ビルB1F
建設年 1970年　設計 祖川尚彦建築事務所　M P.47

109　三木楽器開成館　国登録有形文化財

商いと共に、文化の発信地でもあった心斎橋筋の歴史を今に伝える近代建築。創業100周年を記念して1924年に建てられ、今も現役で使われ続けている。大きく改修されているが、1階の店舗内装には当時の意匠やステンドグラスなどがよく残る。

所在地 中央区北久宝寺町3-3-4　建設年 1924年
設計 増田建築事務所（増田清）　M P.51

110　ミズノ大阪本社ビル［ミズノクリスタ］

1906年に大阪で創業した世界的な総合スポーツ用品メーカー。特に野球が国民スポーツになるのに果たした役割は絶大だ。1992年竣工の大阪本社は南港エリア最初の超高層ビル。隣にイノベーションセンターも完成した。

所在地 住之江区南港北1-12-35　建設年 1992年　設計 日建設計
M P.54

111　水の館ホール・鶴見スポーツセンター

著名な建築家・磯崎新の設計で、1990年開催の「国際花と緑の博覧会」のパビリオンとして建てられた。4つの円が連なった大空間を技術の力で実現。実験的な構想力の演出が、磯崎らしい見どころ。

所在地 鶴見区緑地公園2-163　建設年 1990年　設計 磯崎新

112　光井純＆アソシエーツ建築設計事務所関西オフィス

代表取締役の光井純が、師であるシーザー・ペリに出会ったのはイェール大学大学院時代。建築は優れた街並みの一部となり、街と共に成長するものだという思想を師から継承、発展させ、数々のビッグプロジェクトに結実。

所在地 北区天満2-1-29 オプテック・ダイエービル7F
創業年 1995年（本社）　M P.53

113　三井住友銀行大阪中央支店・天満橋支店

戦前の日本における最大級の設計事務所の1つであった曾禰中條建築事務所の最後期の作品で、完成度の高い古典主義様式のデザイン。三井銀行の大阪支店として、当時の目抜き通りであった高麗橋通に面して建てられた。

所在地 中央区高麗橋1-8-13　建設年 1936年
設計 曾禰中條建築事務所　M P.49

114　三井住友銀行大阪本店ビル

旧住友本社と連系各社の本拠の「住友ビルディング」として建てられた。装飾を抑制した黄褐色の外壁は、黄竜山石と大理石を砕いて混ぜた擬石。コリント様式の列柱に支えられた大空間は、現在も銀行の大阪本店営業部として使用されている。

所在地 中央区北浜4-6-5　建設年 1926年（1期）／1930年（2期）　設計 住友合資会社工作部　M P.48

115 三菱UFJ銀行大阪ビル本館

御堂筋のデザインガイドライン適用第1号の超高層ビル。公共貢献として1階にパブリックスペースとして「ギャラリーラウンジ」を設置し、北船場の情報発信拠点となっている。

所在地 中央区伏見町3-5-6　建設年 2018年
設計 三菱地所設計・東畑建築事務所JV　M P.49

116 御堂ビル［竹中工務店大阪本店］

御堂筋沿いの高さが31mで揃っていた時代を代表する竹中工務店の大阪本店ビルである。外装は、日本の風土を意識し有田で焼いた茶褐色の特注タイルと、リズムよく配された陰影のあるステンレス製窓で構成されている。

所在地 中央区本町4-1-13　建設年 1965年
設計 竹中工務店　M P.48

大阪セレクション

117 ミライザ大阪城

ヨーロッパの城郭を思わせる旧陸軍の庁舎は、城内の軍施設を整理し公園として開放するために、復興天守閣と同年に建てられた。戦後の警察施設、大阪市立博物館を経て、2017年に複合施設として再生。

所在地 中央区大阪城1-1　建設年 1931年
設計 第四師団経理部　M P.53

118 綿業会館

国指定重要文化財

街に品格を与える外観。内部の吹き抜けを囲んで、豪奢な各室が並ぶ。民間の紡績繊維産業関係者の寄付で建設され、今も使われている重要文化財。大阪の歴史的な公共性がヨーロッパやアメリカの都市と近いのが分かる。

所在地 中央区備後町2-5-8　建設年 1931年
設計 渡辺節　M P.49

119 森ノ宮医療大学 桜棟
［森ノ宮医療大学さくらポート］

2020年春に完成した新しい棟。実習室や講義室はもちろん、新しいカフェ（SAKURA Cafe）や全フロアをつなぐウッドデッキなど、全学科の学生が学生生活を楽しめる設計となっている。

所在地 住之江区南港北1-26-16　建設年 2020年
設計 清水建設株式会社　M P.54

120 もりのみやキューズモールBASE

屋上にランニングトラックがある日本初の商業施設。1周約300mのトラックが複数の建物の屋上をつなぎ、一体感を醸し出している

（特許取得）。施設コンセプトは「豊かに生きる、ココロ・カラダ特区」。日本生命球場跡地に建てられたことから、1F BASEパーク内への野球のベースが設置されており、多くのスポーツ関連施設が揃う。

所在地 中央区森ノ宮中央2-1-70　建設年 2015年　設計 竹中工務店
M P.53

121 安井建築設計事務所 本社・大阪事務所

100年建築も、100年事務所もあるのが大阪の良さの一つ。1924年創業の安井建築設計事務所も、もうすぐその仲間

入り。社会に役立つ技術的な解決と共に、デザインを楽しむ心を忘れないプロたちがいる。

所在地 中央区島町2-4-7　創業年 1924年　Ⓜ P.49

122 山本能楽堂　　国登録有形文化財

1927年に創設された、今や全国でも珍しい木造3階建の能楽堂。大阪大空襲によって焼失したが、早くも1950年に

再建。2011年に改修を行い、新旧が融合する開かれた能楽堂となった。

所在地 中央区徳井町1-3-6　建設年 1927年／1950年（再建）／2011年（改修）　設計 山田組／安井建築設計事務所（再建）／graf（改修）
Ⓜ P.49

123 輸出繊維会館

不思議なたたずまいをしている。外壁のイタリア産トラバーチンとアルミサッシの組み合わせが品位と未来感

を織り成し、玄関庇は凝ったデザイン。内部の繊細な階段や家具類も未来なのか過去なのか、これぞ村野藤吾の世界。

所在地 中央区備後町3-4-9　建設年 1960年
設計 村野・森建築事務所（村野藤吾）　Ⓜ P.49

124 リーチバー（リーガロイヤルホテル）

日本の民藝運動に影響を与えた陶芸家バーナード・リーチの着想をもとにした寛げる空

間。重厚なナラ材の床、味のある煉瓦、曲木の椅子やテーブル、河井寛次郎や濱田庄司など大家の作品が、贅沢に取り合わされている。

所在地 北区中之島5-3-68　建設年 1965年
設計 吉田五十八　Ⓜ P.48

125 リバーサイド ビルディング　国登録有形文化財

土佐堀川に沿って微妙に湾曲するシルエットが印象的なオフィスビル。設計は東京大学教授を務め、丹下健三など著名な建築家を輩出した岸田日出刀。高速道路にヒントを得たユニークな構造形式と、

水平連続窓からの川の眺めが素晴らしい。

所在地 北区中之島3-1-8　建設年 1965年
設計 岸田建築研究所（岸田日出刀）　Ⓜ P.48

126 柳々堂

関西の建築界では知らない人のいない老舗建築専門書店。その店構えからは想像できない品揃えに、初めて訪れた人は驚くだろう。情報や人的交流の結節点ともなっていて、気軽に声をかければ色々アドバイスもしてもらえる。

所在地 西区京町堀1-12-3　創業年 1894年か　Ⓜ P.48

127 ルポンドシエルビル［大林組旧本店］

日本を代表する
建設会社・大
林組の旧本店。
外観は当時の
大林組が得意
としてスパニッ
シュスタイル。
2007年に耐震補強工事が行われ、現在はテナン
トビルとして使われている。

所在地 中央区北浜東6-9　建設年 1926年／
2007年（耐震補強工事）　設計 大林組　[M] P.49

大阪の都市施設

歴史都市の生き証人としての都市物語を楽しもう！

301 安治川水門

所在地 港区弁天6-3-13　建設年 1970年

302 逢阪会所ポンプ施設

所在地 天王寺区　建設年 2017年

303 金蔵　国指定重要文化財

所在地 中央区（大阪城公園内）　建設年 1751年

304 中之島橋梁群

所在地 北区・中央区・西区　建設年 1935年等

305 中浜下水処理場 新ポンプ棟

所在地 城東区　建設年 2011年

306 寝屋川北部地下 河川守口立坑

所在地 守口市南寺方東通4-27-8
建設年 2013年（着手）／2017年（竣工）

307 阪急電鉄京都線・千里 線連続立体交差事業

所在地 東淀川区　建設年 工事中

308 東横堀川水門

所在地 中央区　建設年 2001年

309 平野下水処理場

所在地 平野区　建設年 1972年（地下配管
廊）／2014年（炭化炉棟）

310 舞洲スラッジセンター

所在地 此花区　建設年 2004年

311 御堂筋

所在地 中央区・北区
建設年 1937年

生きた建築ミュージアムフェスティバル大阪2022、

イベント概要

名称：生きた建築ミュージアムフェスティバル大阪（イケフェス大阪）2022
　　（英語名称：OPEN HOUSE OSAKA 2022）
開催日：メイン期間 2022年10月29日（土）、10月30日（日）
参加建物等：138（2022年9月1日時点）　参加費：無料

プログラム参加方法について

● イケフェス大阪のプログラムは大きく4つのタイプがあります。具体的な内容、開催日時、参加条件、事前申込の要・不要などは、建物ごとに異なります。公式ホームページで詳細を確認ください。

　① 普段は入ることができない内部等を自由に見学できる特別公開
　② 建物所有者等の案内で、建物内をめぐるガイドツアー
　③ テーマに沿って、専門家の解説を受けながら、複数の生きた建築をめぐるスペシャルツアー
　④ トークセミナーやワークショップ、休日特別開館など、その他のプログラム

● 参加にあたっては、必ず、公式ホームページ・公式ツイッターで、プログラムの内容や開催についての最新情報等をご確認ください。

● P.56～79「参加建物紹介」に掲載されている建物等でのプログラム詳細は、公式ホームページをご覧ください。当ガイドブックと同様、ミニ解説や所在地などもあわせて掲載しています。「大阪の生きた建築ガイド」として、イケフェス大阪期間中はもちろん通年で活用ください。

公式ホームページ **https://ikenchiku.jp** 公式Twitter **@ikitakenchiku**

事前申込が必要なプログラムについて

● 事前申込が必要なプログラムの申込先は、実施主体等によって「**公式ホームページ**」と「**それ以外**」に分かれます。それぞれ申込期間や結果通知、キャンセル方法などが異なりますのでお間違えのないようにお気をつけください。不備のある内容、間違った内容でのお申し込みは無効とさせていただきます。また、定員を超えるお申込をいただいた場合は抽選となります。予めご了承ください。

申込受付期間
・**公式ホームページ**…ガイドブック発売開始日～2022年10月17日（月）正午
・**それ以外**…プログラム毎に異なります。

※事前申込には、毎年多数のお申込をいただいております。当選後のキャンセルや無断欠席はお避け下さい。また当選の権利の売買は固く禁止します。
※ご登録いただいた内容は、本人様への連絡やプログラム実施に必要な範囲で利用させていただくほか、当実行委員会が行う個人を特定できない統計的な分析等に使用させていただくことがあります。ご了承ください。

3年ぶりのリアル開催で、間もなく始まります!

お願いと注意事項

● イケフェス大阪は、建物等の所有者・関係者さまのご厚意とご協力により成立しているイベントです。来年以降の継続開催のため、マナー・ルールを守ってお楽しみください。

● 普段は一般公開されていない建物内部をイケフェス大阪で特別に公開いただいています。そのため、参加建物であっても、イケフェス大阪のプログラム以外で許可なく立ち入らないでください。また、立入り禁止の場所には入らないでください。違法行為として処罰されることがあります。

● 体調管理を徹底ください。当日、少しでも体調が悪い場合は参加をお控えください。

● イケフェス大阪2022に参加中は、少人数での移動、マスクの着用、会話は控える、こまめな手洗いなど、新型コロナウィルス感染症拡大防止策の徹底と、建物ごとに定められた感染防止のルール厳守にご協力くださいますよう、お願い申し上げます。

プログラム参加・建物見学等の基本的なマナーの徹底

● スタッフやボランティア、建物関係者の指示に沿ってお楽しみください。指示を守っていただけない場合は参加をお断りします。

● テナントビルの場合は、お仕事中の方がいらっしゃる場合がありますので、お静かに見学ください。また、店舗等を除き、無断での入室は絶対にお止めください。

● イケフェス大阪2022での公開等について、建物への直接のお問い合わせはご遠慮ください。

写真撮影等のルールの遵守

● 建物によっては、撮影禁止の場所があります。また撮影可能でもSNSやHPへの掲載を禁止している場合もあります。建物ごとのルールを守ってお楽しみください。長時間の撮影や、三脚等を使用した撮影など、建物や他の参加者の迷惑となる行為はおやめください。

● モデルの撮影など、建物見学以外を目的とする写真撮影は固くお断りします。

配信映像等のダウンロード等の禁止

● 特別に許可されている場合を除き、公式ホームページで公開されている動画や画像等のダウンロード、コピー、二次使用はできません。違法行為として処罰されることがありますので、絶対におやめください。

プログラム等の中止・変更

● 参加建物等及びプログラム等は、予告なく中止・変更する場合があります。予めご了承ください。最新の情報は、公式ホームページ、公式ツイッターで随時お知らせいたしますのでご確認をお願いします。

取材

● 取材を希望される場合は、事前に実行委員会info@ikenchiku.jpにご連絡ください。

Pick Up! ～プログラム紹介～

イケフェス大阪のなかから、選りすぐりのプログラムをピックアップ。ここでしか聞けないトークや、専門家の解説を聞きながら建築をじっくり体験するガイドツアー、そして今年初参加の建築19件をご紹介。

※各プログラムの詳細は、イケフェス大阪公式ホームページでご確認ください。

注目プログラム

ここでしか聞けないトークやワークショップ等

49 グランフロント大阪　　→P.64

日時：10月29日（土）・30日（日）　要事前申込
　　　両日とも10時～（約120分）

当実行委員会が制作した子どものための建築本『はじめての建築』を使った、建築の楽しみに触れるワークショップ。著者の倉方俊輔が講師を務めます。

60 スリープカプセル
（カプセルイン大阪）　　→P.65

日時：10月29日（土）　要事前申込
　　　13時30分～（約90分）

カプセルタワーを世界で初めてデザインした世界的建築家、黒川紀章の魅力に迫るトークセミナー。そのオリジナルが残るカプセルホテルが会場です。講師は倉方俊輔です。

503 スペシャルオンライン対談
笠原一人 × 倉方俊輔
– 京都のオープンハウスイベント –

日時：10月29日（土）16時～17時　オンライン

2020年、2021年と好評だったトークセミナーの第3弾です。今年スタートする「京都モダン建築祭」について、仕掛人のお二人が開催決定までの裏話や、とっておきのみどころなどを熱く語ります。

504 生きた建築ミュージアムフェスティバル大阪2022
クロージング

日時：10月30日（日）16時30分～18時30分
場所：芝川ビルモダンテラス（P.56）

当日先着　50名

3年ぶりにクロージングのトークを開催します。会場は芝川ビルのモダンテラス。橋爪紳也実行委員会委員長はじめ、いつものメンバーが今年のイケフェス大阪を振り返ります。

専門家の案内によるガイドツアー等　　すべて　要事前申込

---

52 ザ・ガーデンオリエンタル・大阪
[旧大阪市長公館]　→P.64

日時：10月26日（水）
　　　14時～（約60分）
案内人：倉方俊輔（P.40）

モダンでリッチに再生された、旧市長公館の魅力を読み解くガイドツアー。都心とは思えない、川と緑に囲まれたロケーションも堪能ください。

67 大丸心斎橋店本館　→P.67

日時：10月22日（土）
　　　20時～（約90分）
案内人：髙岡伸一（P.40）

営業時間終了後の百貨店を見学するスペシャルツアー。ヴォーリズの名建築を新たな建築へと引き継いだ、現代の最新技術にも目を向けます。

123 輸出繊維会館　→P.77

日時：10月30日（日）
　　　10時～ 他3回（各回約60分）
案内人：笠原一人

20世紀の日本を代表する建築家、村野藤吾の粋がつまった名建築を、村野研究の第一人者の解説で味わいます。

笠原一人（かさはら・かずと）
1970年神戸市生まれ。1998年京都工芸繊維大学大学院博士課程修了。専攻は近代建築史、建築保存再生論。2010-11年オランダ・デルフト工科大学客員研究員。単著に『ダッチ・リノベーション』（鹿島出版会）。共編著に『村野藤吾のリノベーション』（国書刊行会）、『村野藤吾の建築』（青幻舎）、『建築家浦辺鎮太郎の仕事』（学芸出版社）ほか。

501 アートのまち北加賀屋スペシャルツアー

日時：10月27日（木）13時～ 他1回（各回約60分）

工場跡を改装した若手アーティストのシェアスタジオSSK（Super Studio KITAKAGAYA）と、元家具屋でGallery Complexとして再生中のkagooをご案内します。

502 まちの石・発掘ツアー

日時：10月29日（土）15時～（約90分）

近代建築の保存再生工事などを多く手がける大阪の石材店、明治大理石の中家祥裕社長が案内する御堂筋のガイドツアー。沿道のビルに用いられた石材の産地や仕上など、石から御堂筋を読み解く、これまでになかったツアーです。

505 コスモスクエア入門セミナー

要事前申込

日時：10月30日（日）10時〜11時30分
場所：西尾レントオール咲洲木造アリーナ ほか
講師：橋爪紳也（P.40）

コスモスクエアの歴史を共に歩んできたお馴染みの建築から、現在工事中の最新建築まで、都心では味わえないこのエリアならではの建築の魅力を語ります。

● **コスモスクエアエリアの公開参加建物（初参加6件）**

3 アジア太平洋トレードセンター
［ATC］ →P.56

特別公開
10月30日（日）10時〜17時

8 インテックス大阪 →P.57

ガイドツアー 要事前申込
10月29日（土）10時〜（約60分）

85 西尾レントオール
咲洲木造アリーナ（仮称） →P.70

ガイドツアー 当日先着 50名
10月30日（日）10時30分〜 他3回（各回約60分）

98 ハイアット リージェンシー 大阪
（エタニティ・凜-rin-） →P.73

ガイドツアー 要事前申込
10月29日（土）・30日（日）両日とも14時〜（約30分）

110 ミズノ大阪本社ビル
［ミズノクリスタ］ →P.75

休日特別公開
日時：調整中

119 森ノ宮医療大学 桜棟
［森ノ宮医療大学さくらポート］ →P.76

ガイドツアー 当日先着 20名
10月30日（日）10時〜 他3回（各回約30分）

初参加建物でのプログラム

5 ARCHITEKTON
- the villa tennouji - →P.56

ガイドツアー 10月29日（土）・30日（日） 要事前申込
両日とも10時〜 他6回（各回約30分）

設計者・スガショウタロウ氏により、随時質疑を受付けながらご案内します。

23 大阪写真会館
（Time & Style Osaka） →P.59

特別公開
10月29日（土）・30日（日）両日とも11時〜16時

ステンレスのサイン、ガラスブロックやタイルなども一見の価値あり。

36 大塚グループ大阪本社
大阪ビル →P.61

ガイドツアーほか 当日先着 10名
10月29日（土）10時30分〜 他4回
30日（日）10時30分〜 他3回（各回約20分）

イケフェス大阪初参加です。ユニークな構造のオフィスビルをぜひご見学ください。

37 小川香料株式会社 大阪支店 →P.62

特別公開
10月29日（土）・30日（日）両日とも10時〜16時

1階エントランス、階段ホールを公開。2019年リノベーションで4階を減築、レトロモダンな佇まいを体感ください。

51 光世証券本社ビル →P.64

特別公開

10月29日(土)・30日(日) 両日とも10時〜16時

大阪・北浜の歴史的、文化的風土への思いがにじむ、新しいランドマークです。

63 千里阪急ホテル →P.66

ガイドツアー　要事前申込

10月31日(月) 13時〜(約90分)

千里阪急ホテルのクラフトをたずねるツアー。ホテル内のタイル・木・鉄・ガラスなどのクラフトを巡ります。

64 大成閣 →P.66

特別公開

10月29日(土)・30日(日) 両日とも9時〜18時

村野先生がデザインした個性的なファサードや、オリジナルの家具にも注目ください。

84 なんばパークス →P.69

ガイドツアー　要事前申込

10月29日(土) 11時〜(約60分)

ガーデナーの案内のもと、2階から9階までのパークスガーデンを登っていきます。植物のお話やガーデンの楽しみ方、ガーデニング等のご質問にお答えしながらゆっくりと散策できるツアーです。

88 日本圧着端子製造株式会社 大阪技術センター別館 -Kahdeksankulmio- →P.70

特別公開

10月30日(日) 9時〜16時

エントランスホールのみの公開ですが、八角形の空間を体感できる貴重な機会です。

92 日本基督教団南大阪教会 →P.71

特別公開

10月29日(土) 9時〜16時30分
　　　　30日(日) 13時〜16時30分

木の大十字が天井をめぐり、外観は古のカタコンベ。村野氏晩年の傑作を、どうぞご体感ください。

106 β本町橋 →P.74

特別公開

10月30日(日) 10時〜18時

β本町橋ができるまでの経緯や、大阪市内で一番古い現役橋・本町橋の設計図などを展示します。

109 三木楽器 開成館 →P.75

通常営業

10月29日(土)・30日(日)
両日とも10時〜12時

設計増田清、施工鴻池組。入口のステンドグラスは木内眞太郎作。

126 柳々堂 →P.77

休日特別営業

10月29日(土) 11時〜16時
　　　　30日(日) 10時〜15時

「こんな感じの本を探している」など、気軽にお声がけください。

ARCHITEKTON - the villa tennouji -

小川香料株式会社
大阪支店

なんばパークス

初心者のための 「セッケイ・ロード」 Ⓠ & Ⓐ

文＝宮沢洋（画文家、編集者、「セッケイ・ロード」の命名者）

Ⓠ そもそもセッケイ・ロードとは？

Ⓐ 2018年に発見された 「高麗橋通り」の神秘

「セッケイ・ロード」という言葉がメディア上に初めて登場したのは、イケフェス2018の開催から2週間後の2018年11月9日のことだ。当時、建築専門誌「日経アーキテクチュア」の編集長であった私（宮沢）がWEBに書いた「"セッケイ・ロード"の大手設計事務所がイケフェスで出し物を競う」という記事である。

東京人ながらイケフェスが大好きな私は、毎年、このイベントをWEBでリポートしていた。この年、それまでちゃんと見たことがなかった設計事務所各社のオープンハウス（事務所公開）を1日で巡ってみることにした。

事前にどう回ったら効率が良いかを調べていたとき、当時の参加4社が、北船場の高麗橋通りから東西に延びる1本の道路沿いに事務所を構えていることに気づいた。そして、このリポートの結びに、「勝手に"セッケイ・ロード"と

ネーミングしたい。」と書いた。

この記事が反響を呼び（大阪の人たちは意外にもこの事実に気づいていなかったらしい）、翌年（2019年）のイケフェスでは、なんとセッケイ・ロード沿いの設計事務所による共同企画として「セッケイ・ロード・スタンプラリー」が開催された。通り沿いの新規2社を加えた6社での実施だ。スタンプは、私が描いた各社社長の似顔絵。これを4つ以上集めた人には社長集合似顔絵缶バッジがプレゼントされた。

ちなみに、私がセッケイ・ロードの命名時にヒントにしたのは、NHKの朝ドラ「ちゅらさん」に登場する「シュガー・ロード」（沖縄・小浜島のさとうきび畑）である。

Ⓠ コロナ自粛の2年間は何をしていた？

Ⓐ 結束力を高め、 面白企画をオンライン開催

「スタンプラリー、面白い！」と大盛り上がりの2019年だったが、2020年と2021年は、残念

ながらイケフェス自体がバーチャル開催に。それでも、結束力の高まったセッケイ・ロード各社は、独自のオンライン連携企画を実施した。

2020年の企画は、「事務所内㊙リポート＋『大阪×建築』プレゼン‼」。各社が持ち時間4分で、まず事務所内の様子を紹介し、後半は各社の代表者(社長とは限らない)が建築愛、大阪愛、イケフェス愛などを熱く語った。

まさか2年連続でバーチャルになるとは思っていなかった2021年だが、セッケイ・ロードはよりパワーアップ。この年はトーク企画「事務所あるあるサイコロトーク+ちょっと真面目な話もしよう!」を開催した。各事務所から"キャラの立つ"1人が参加してのサイコロトーク。司会はなんと毎日放送(MBS)の人気アナウンサー、松井愛アナと上泉雄一アナだ。

この企画、実は当初、「宮沢さん、司会やってもらえませんか」と言われていたのだが、「絶対無理」と固辞していた。すると、事務局の面々がどこでどう根回ししたのか、プロのアナウンサーのフル出演となっていた。松井アナ、上泉アナのトーク回しの華麗さは、まるでゴールデンタイムのバラエティ番組を見ているようだった。

❓ 命名者・宮沢の目指すところは？
🅰 「1本の道」から「大阪の未来への道」へ
私は2年前に出版社を独立し、現在は画文家・フリー編集者として活動している。編集者としては「BUNGA NET」(https://bunganet.tokyo/)という建築ネットマガジンで発信し、画文家としては『隈研吾建築図鑑』、『イラストで読む建築 日本の水族館五十三次』、『画文でわかる モダニズム建築とは何か』(藤森照信氏との共著)などの書籍を上梓した。

これらの仕事には共通する目標がある。それは「一般の人にも建築の面白さを知ってもらう」ことだ。もともと私は、建築学科の出身ではない。出版社に就職して建築専門誌に配属され、そこで建築の面白さに目覚めた。だから、私と同じように「建築のツボをつけば、その面白さに目覚める人」は多いと考えている。「セッケイ・ロード」の企画に関わり続けているのは、それが「他では滅多に押せない強力なツボ」であるからだ。

冒頭に述べたように、「セッケイ・ロード」はもともと、高麗橋通りを中心とする1本の道沿いに存在する設計事務所群を名づけたものだ。しかし、参加事務所は増え、現在は1本の道には収まらない。セッケイ・ロードは、大阪の街づくり・暮らしづくりに関わる設計事務所の総体を表わす言葉となった。「ロード」は、言うなれば「大阪の未来への道」だ。

3年ぶりとなるリアル開催。多くの人に参加していただき、大阪の未来を感じていただきたい。

セッケイ・ロード ～建築と街の未来へつづく道～

2019年に開催し、大好評だった似顔絵スタンプラリーの第二弾がついに実現!!
今年のセッケイ・ロードは、設計事務所の創業者やキーマンにスポットをあてた企画です。
初参加・初公開の事務所、記念すべき周年を迎える事務所、そして、なんと！セッケイ・ロード沿いから引越しをした事務所など…色々ありますが、今年は9つの設計事務所が参加します。
北船場の高麗橋通りから東西に伸びる通りをセッケイ・ロードとして、通り沿いの設計事務所が連携して始めたこの企画、「もはやこれは"ロード"といえるのか?」と、つっこまれるほど広がるセッケイ・ロードをぜひ楽しんでください。

プログラム

共通展示

創業者にまつわるエトセトラ

参加9事務所の共通の展示企画として、各事務所の創業者やキーマンの建築作品や事務所に引き継がれているモノやコト？をご紹介します！
初公開の貴重な資料もあるかも？
各事務所にて、それぞれ展示します。

スタンプラリー

創業者＆キーマン似顔絵スタンプラリー

設計事務所をめぐって、スタンプを6個以上集めると各日先着150名様にオリジナルグッズをプレゼント！
似顔絵はもちろん宮沢洋さんに描いていただきました！

●プレゼント配布場所（2ヶ所）・昭和設計
・インフォメーション（三菱UFJ銀行大阪ビル本館）

創業者&キーマン似顔絵スタンプラリー

12 浦辺設計

浦辺設計は、浦辺鎮太郎が1962年にクラレの営繕部より独立して開設した設計事務所です。今年で60周年を迎えました。「ゲマインシャフトを形する」「新旧調和」「三笑主義」といった創業者の思想を大切に、日々設計活動に向き合っています。

55 ジオ - グラフィック・デザイン・ラボ

ジオ - グラフィック・デザイン・ラボ（GGDL）は、2008年に前田茂樹が設立した設計事務所で、建築を点ではなく「風景＝地形」として考え設計しています。今年は進行中の様々なプロジェクトの模型も公開します。ぜひお越しください。

76 東畑建築事務所 本部・本社オフィス大阪

創業者東畑謙三は、設計事務所を主宰するかたわら、東洋陶磁、古地図、絵画、稀覯本などの蒐集を行い、膨大なコレクションを遺しています。創立90周年を迎える今年のイケフェスでは、その中から世界と日本の古地図をご覧いただきます。

96 日本設計関西支社

日本設計は、池田武邦を中心とする日本初の超高層「霞が関ビル」の設計チームにより、1967年に創業された総合設計事務所です。今年は関西支社開設50周年を記念し、大阪・関西での活動・作品を、映像や模型等で紹介します。

121 安井建築設計事務所 本社・大阪事務所

1924年に建築家・安井武雄が創業した建築設計事務所です。そこからまもなく100周年。これからも、"人やまちを元気にする"をテーマとして、建築設計をはじめビジネスにおける様々なチャレンジに取り組んでゆきます。大阪を熱くするのは私たちです！

47 久米設計大阪支社

久米設計は、1932年に久米権九郎により創設、大阪支社はこの度70周年を迎えました。リニューアルした開放的なオフィスで「デザインと技術の融合」という創業者の精神をテーマとした展示を行いますので、ぜひお越しください。

57 昭和設計本社

岡本行善らにより1957年創業の昭和設計は、今年で65歳。人の想いを大切に、社会に寄り添うパートナーとして、建築・都市インフラのデザインをはじめ、まちづくり、環境との共生を通して、大阪と共に歩み続けていきます。

86 日建設計 大阪オフィス

日建設計は、今年で122年を迎えた建築設計事務所です。今年は『創業者 野口孫市展』と『チャレンジの軌跡展 −誰も知らない設計プロセス−』をテーマに、新旧の設計者にスポットライトを当て、建築設計の裏側をお見せします。アーカイブ模型も公開!

112 光井純＆アソシエーツ 建築設計事務所関西オフィス

事務所を創設して30年近くが経ちました。シーザーペリが大事にした、デザインオンレスポンスの考え方を軸に、人々が賑わい交流する場所を、建築、ランドスケープ、インテリア、そしてモノコトの4つのデザイン軸で作り上げていきます。

連携プログラム・関連イベント

イケフェス大阪にあわせて特別に企画いただいた「連携プログラム」や、
イケフェス大阪とはひと味違った視点で大阪の魅力を伝える「関連イベント」をご紹介します。
イケフェス大阪と一緒にお楽しみください。

※詳細は、イケフェス大阪公式ホームページまたは、各主催団体のホームページ等でご確認ください。

連携 洋館ミステリ劇場「汚名をそそぐ」

青山ビル全館を使い、大正・昭和初期の探偵小説を演劇化。シーンごとに参加者も部屋を移動、犯人を当てるツアー型の演劇「洋館ミステリ劇場」。衣装もメイクも当時のまま、雰囲気たっぷりにお届けする。今年は、初めて使用する部屋も2部屋あり、青山ビルの新たな魅力に触れる。

日時：10月8日（土）・9日（日）・10日（月祝）
　　　11時、14時30分、18時
　　　*8日は11時、10日は18時の回はありません
会場：青山ビル（P.56）
主催：G-フォレスタ
問い合わせ：https://www.facebook.com/youkan.mystery

連携 ガス燈灯る三休橋筋の建築とまちづくり

歴史的建築物が集積する三休橋筋をまちづくりグループ三休橋筋愛好会と巡るツアー。綿業会館、船場ビルディングや老舗理髪店の内部見学など、魅力満載！3年ぶりのリアルまち歩きで新たなコンテンツも盛り込みます。

日時：10月29日（土）13時30分〜16時
主催：三休橋筋愛好会・三休橋筋商業協同組合
URL：https://www.facebook.com/sankyubashisuji

連携 御舟かもめでタテモノクルーズ

実行委員会の高岡伸一がガイドを務めます。小舟に乗って、近代建築からいいビルまでじっくり鑑賞！

日時：10月22日（土）12時10分集合（110分）
　　　中之島一周
　　　10月23日（日）12時10分集合（110分）
　　　大阪一周
定員：各便8名（先着順・要申込）、雨天中止
参加費：大人4,800円、小人2,400円
（税込、お茶付き）
URL：https://www.ofune-camome.net

連携 スペシャルツアー「日本建築協会Presents!探訪 中之島中央部」

2022年2月に開館した大阪中之島美術館をはじめとして中之島の御堂筋より西側を主に、当協会の史料研究会に所属される研究者のみなさまの解説をうかがいながらまちあるきを行います。ぜひご参加ください。

日時：10月30日（日）
　　　13時30分〜15時30分（予定）
主催：一般社団法人日本建築協会
URL：https://www.aaj.or.jp/

連携 第8回 アーキテクツ・オブ・ザ・イヤー2022
「日本橋の家を読み、建築を展示する」

アーキテクツ・オブ・ザ・イヤー展は毎年異なるコミッショナーが独自の
観点とテーマをもって選定した若手建築家による展覧会です。今年は
五十嵐太郎氏をコミッショナーに迎え、9組の建築家が選定されました。

日時：10月29日（土）〜11月12日（土）13時〜17時　会場：日本橋の家（P.73）
主催：一般社団法人日本建築設計学会　URL：http://www.adan.or.jp/news/event/3613

連携 イケフェス大阪コラボ「MBSアナウンサーカレンダー2023」

22年版に続き、今回も12の「生きた建築」を37人のアナウンサーが訪問。新たな
発見や魅力が引き出せているかも。イケフェス大阪実行委員会による解説つき。

日時：10月22日（土）販売開始予定

制作・発行：毎日放送　問い合わせ：06-6359-1678　URL：https://www.mbs.jp/mbs.ana/

写真はイメージです。

関連 上町台地芸術フォーラム「オルタナティブ・ロマン」展

天王寺公園に隣接する元料亭「阪口楼」をメイン会場に、周辺の半
径2キロメートルのエリアで開催する展覧会です。上町台地をテーマ
とした美術作品の公開のほか、関連イベントも多数あります。

日時：10月12日（水）〜23日（日）
主催：上町台地アートワークス実行委員会、上町台地アートプロジェクト実行委員会
共催：和宗総本山四天王寺、一般財団法人地域振興調査会、大阪市立美術館
URL：https://uemachiartworks.dcmnt.net

関連 イラスト展示ほか

イラストで解説！
大阪の近代建築の魅力
──コジマユイイラスト展
日時：
10月7日（金）〜19日（水）
*11月3日（木）に作者・コジマユイ
さんによるワークショップも開催

建築満喫2022
日時：9月16日（金）〜12月14日（水）

URL：https://www.oml.city.osaka.lg.jp/?key=joeirtr63-
510#_510
主催：大阪市立中央図書館

関連 講座：鉄トリップ大阪の鉄道建築

日時：10月26日（水）
主催：大阪市立難波市民学習センター・大阪市立図書館
URL：https://www.oml.city.osaka.lg.jp/?key=joeirtr63-510#_510

関連 中之島ウエスト・秋ものがたり2022
中之島まるごとフェスティバル

日時：10月22日（土）〜10月30日（日）
主催：中之島ウエスト・エリアプロモーション連絡会
URL：https://nakanoshima-west.jp/

関連 Micro Heritage Collection in Osaka

日時：10月29日（土）〜2023年1月31日（火）
主催：一般社団法人MicroHeritage　URL：https://micro-heritage.jp/

関連 語り・映像・音楽の生演奏による「語りべシアター」特別編

大阪・御堂筋ものがたり──近代から未来へ。生きた建築の栄枯盛衰の舞台

日時：10月30日（日）　主催：大阪ガスネットワーク（株）
（1回目）13時〜（2回目）14時30分〜
※上演時間約35分、15分前より開場
会場：オービック御堂筋ビル2F ホールD・E
定員：各回85名（要申込）
URL：https://www15.webcas.net/form/pub/application_form/kataribe

関連 御堂筋グランピング2022

日時：11月11日（金）・12日（土）
主催：一般社団法人御堂筋まちづくりネットワーク
URL：https://www.midosuji.biz/

関連 第12回オープンナガヤ大阪2022

日時：11月12日（土）・
　　　13日（日）
主催：オープンナガヤ大阪
2022実行委員会、大阪公
立大学長屋保存研究会
URL：http://nagaya.link

関連 船場博覧会2022

船場の歴史と文化を発信する
様々なイベントが、近代建築な
どを会場に開催されます。

日時：11月17日（木）〜23日（水・祝）
主催：船場博覧会実行委員会　URL：https://semba-navi.com

関連 なにわ建築フェスタ2022

日時：12月17日（土）・18日（日）
主催：一般社団法人大阪府建築士事務所協会
URL：https://www.oaaf.or.jp/
10月17日（月）まで応募を受付けている「大阪府建築
士事務所協会賞2022」の作品展示、表彰式も実施
します。

関連 コジマユイ作品展

独特のタッチで建築を描
くコジマユイの個展が、
芝川ビルで再び開催され
ます。

日時：2022年10月18日（火）〜30日（日）※月曜休業
（火〜金）11時30分頃〜21時（土日祝）12時頃〜19時
会場：淀屋橋 Mole Gallery（芝川ビル地下1階）（P.65）

Happy Anniversary

2022

成人式や還暦など、人の成長や長寿を節目に祝うようにして、
イケフェス大阪に参加する「生きた建築」も寿ごう[1]という新コーナー。
毎年数え切れない数の建築が誕生しているのだから、
これからイケフェス大阪がある限り、ネタが尽きることはないはずです。
というか、毎年成人式と還暦を祝う建築が多すぎて困る、
という嬉しい悲鳴をあげることが、
イケフェス大阪のそもそもの目標なのです。

新井ビル竣工100周年の記念品として配られた、同ビルに入居する洋菓子店「五感」のクッキー
（イラスト：コジマユイさん）

日本は100年以上続く長寿の企業が多いとよく言われますが、今も活躍するゼネコンや工務店の中にも、長い歴史をもつ企業が多くあります。今年は大阪で創業したスーパーゼネコン、大林組が130周年を迎えました（詳しくは巻頭対談を読んで下さい）。一方、設計事務所は近代になってから新しく登場した業態ですが、戦前に東畑謙三と久米権九郎が自らの設計事務所を開設し、いずれも日本を代表する組織設計事務所として、東畑建築事務所と久米設計が90年を迎えました。

その中で、日本設計関西支社が今年で開設50年の大きな節目を迎えました[2]。日本設計は、日本の超高層ビルの曙と言われる東京の霞が関ビル（1968年）の設計に携わった技術者が中心となって、1967年に東京で設立した設計事務所です（当初は「日本設計事務所」）。いわば日本の超高層ビル時代と併走してきた設計事務所とい

えるでしょう。超高層ビル街として知られる西新宿の新宿三井ビル（1974年）も有名です。設立5年後の1972年に大阪支社（現・関西支社）を設置、老舗の設計事務所ひしめく大阪では、日本設計は新規参入者。当初は設計業務の受注に苦労もしたようですが、公共建築に積極的に取り組むなどして、実績を積み上げていきました。

一般にもよく知られている大阪の作品としては、谷町4丁目駅のNHK大阪放送会館・大阪歴史博物館（2001年）[3]、最近では阪神百貨店を建て替えた大阪梅田ツインタワーズ・サウス（2022年）[4]や、星野リゾートのOMO7大阪 by 星野リゾート（2022年）が話題となりました。また、関西支社開設50年の2022年は、日本設計の主要な設立メンバーの一人であり、日本の建築界に大きな足跡を残した建築家、池田武邦（元会長、元代表取締役社長）が98歳でこの世を去った年ともなりました。

大阪建築界の立役者たち
〜組織編〜

大阪梅田ツインタワーズ・サウス（2022年）

左奥：北浜レトロビルヂング（1912年）　右：北浜長屋（1912年）

100歳超えのベテランも続々
～建築編～

また、戦前の歴史的建築物の「増築」が、早くも50年前後の節目を迎えている点も注目です。建築家・渡辺節の代表作として知られる重要文化財の綿業会館（1931年）の東に併設された「新館」も、渡辺建築事務所の設計によって1962年に建てられました。大きなガラス開口を設けたモダニズムの建築ですが、仕上のタイルや細部の装飾などで本館との調和を図った佳品です。

北浜に今も残る3件の登録有形文化財が110年と100年。同い年の北浜レトロビルヂング（1912年）と北浜長屋（1912年）は、老朽化が進んだ状態からリノベーションで見事に甦った建築です。ちなみに北浜レトロビルは、当時近くに事務所を構えていた大林組が設計・施工を手がけました。竣工100周年を迎えた新井ビルは、元銀行の営業室だった吹抜空間に洋菓子の五感が店舗を構えて安定の人気を誇っていますが、100周年の記念事業として特設WEBサイトを立ち上げたり、特製のクッキーを焼いたりしてちょっとした話題にもなりました。

綿業会館新館（1962年）

一方、今年で竣工40年を迎える長瀬産業大阪本社ビルの新館は、ポストモダン的に語られることの多い建築家、永田祐三の竹中工務店時代の作品。設楽貞雄が設計した本館（1928年）の様式をそのままなぞることはせず、各部の素材やプロポーションを抽出することで、抑制の効いた「増築建築」の名作となりました。

新しい時代に目を移すと、平成に入ってからの超高層ビルが30年、20年、そして10年の節目を迎えています。超高層ビルが文化財になるのもそろそろでしょう。中之島フェスティバルタワー（東側）は、ツインビルのウエスト（西側）が2017年竣工なのでつい最近の出来事のようですが、もう建ってから10年経つのですね。

皆さんおめでとうございます！
Happy Anniversary!

長瀬産業大阪本社ビル新館（1982年）

●参加企業・参加建物の周年まとめ

名称	創業年・開設年等	周年
大林組	1892年（明治25）創業	130年
東畑建築事務所	1932年（昭和7）開設	90年
久米設計	1932年（昭和7）創業	90年
浦辺設計	1962年（昭和37）開設	60年
日本設計関西支社	1972年（昭和47）開設	50年
NTTファシリティーズ	1992年（平成4）営業開始	30年

名称	創業年・開設年等	周年
北浜レトロビルヂング	1912年（明治45）	110年
北浜長屋	1912年（大正元）	110年
新井ビル	1922年（大正11）	100年
日本基督教団大阪教会	1922年（大正11）	100年
本願寺津村別院［北御堂］	1962年（昭和37）	60年
綿業会館新館	1962年（昭和37）	60年
長瀬産業大阪本社ビル新館	1982年（昭和57）	40年
ミズノ大阪本社ビル	1992年（平成4）	30年
中之島三井ビルディング	2002年（平成14）	20年
中之島フェスティバルタワー	2012年（平成24）	10年

1 熊本では2010年から建築を寿ぐ「建築寿（ことぶき）プロジェクト」を続けている
http://kenchiku-kotobuki.com/index.html
2 日本設計関西支社では50周年を記念して、イケフェス大阪の公開時に特別展示を開催予定
3 共同設計：NHK技術局開発センター（建築技術）、大阪市住宅局営繕部、NTTファシリティーズ、シーザペリ＆アソシエイツ
4 基本計画・特区申請・基本設計：日本設計、設計・施工：竹中工務店
5 新井ビル竣工100周年特設ページ
https://arai-bldg.com

左上より：北浜レトロビルヂング／新井ビル／綿業会館新館／日本基督教団大阪教会／北浜長屋／本願寺津村別院［北御堂］／長瀬産業大阪本社ビル新館／ミズノ大阪本社ビル／中之島三井ビルディング／中之島フェスティバルタワー

今も設計者の
ぬくもりを感じます

#1

King of Kings
劉由紀さん

開店当時のことは今でもよく覚えています。工事中の空き地で、姉妹店「マヅラ」の設計者、祖川尚彦さんと父が嬉しそうに話し合う姿がこどもながらにまぶしく、熱意のこもった店だという実感を当初から抱いていました。当時の私は馬術部の活動ばかりに熱心な大学生で、部活動を終えて店に直行すると、臭いが残っていて叱られたという笑い話もありますが（笑）

この店を設計してくださった沼田先生は今でもコーヒーを飲みに来て、思い出を語ってくださいます。今年行った内装のリニューアルでは絨毯、椅子、モザイクタイルの選定までお世話になりました。設計者の方にもお客様にも長く愛していただいているお店をいつまでも大切に思っていますから、イケフェス大阪では愛着の詰まった内装を多くの方々に見てほしいです。

INFO King of Kings → P.63

「生きた建築」の大きな魅力。それは建築に負けないくらい魅力的で、ユニークで、どこか不思議なオーラをまとった名物オーナーの存在。このコーナーでは、オーナーが語る建築やインテリアへの想いをほんの少しご紹介。これを読めば、直接もっと聞いてみたくなるはず。イケフェス大阪で会いましょう！

意識が変わりました

訪れる人を見て

#2

生駒ビルヂング
生駒伸夫さん

青山ビル
青山正美さん（父）、敬子さん（母）、修司さん（息子） #3

歴史を知るうちに愛着が

青山家は戦前から日本と中国で商売をしており、大阪市内の別宅としてこのビルを譲り受けました。1953年（昭和28）に事務所を構えてからは毎日通い、幼少期より住んだこともあるので、早くから愛着を持っていましたね。建物や街の歴史を知っていくうちに保存にも取り組むようになりました。（正美さん）

INFO 青山ビル →P.56

生きた建築オーナーインタビュー

わたしたちがこの場所を守る理由

幼い頃からの大切な存在

小学校の頃、商売の手伝いでビルを訪れたのが一番古い記憶です。さすがに建物の価値まではわかりませんでしたが、大切に思う気持ちは自然と育まれていたのかもしれません。イケフェス大阪で同じように建物を愛する人たちに囲まれ、その気持ちがより強くなりました。数年前に元の所有者のご親族がたまたま訪れてくださり、多くの歴史を情報交換できたことも僥倖でした。（修司さん）

「ここから大阪城が見えるぞ」。幼少の頃、父にそう言って連れてこられたのが最初の思い出。大学卒業後に生駒時計店で働き始めた時は、すでに竣工から50年が経過していましたから、不便で古いビルという印象を拭えませんでした。しかし研究者の方々が見学に来られ、手入れの行き届いていない箇所まで嬉しそうな顔で見学されているのを見て、意識が変わりました。

修繕や維持には苦労もありましたが、そのぶんビルにも愛着が湧き、店のシンボルとして誇りに思っています。イケフェス大阪に端を発してレトロビルオーナーと横の繋がりを持てたことも嬉しいですし、見学者の方々との交流やSNS上の反応も建物を守るモチベーションに繋がっています。

INFO 生駒ビルヂング →P.56

もうお気づきでしょうか、3年ぶりのリアル開催に合わせて、生きた建築ミュージアム大阪実行委員会の公式WEBサイト（https://ikenchiku.jp）を刷新しました。イケフェス大阪のナビゲーションは従来の機能を継承しつつ、よりシンプルで操作しやすいデザインになっています。また、まだ工事中の部分もありますが、今後の活動展開を見越して、実行委員会のページを独立させました。

　そして最大の変化は何といっても、オンラインショップを開設したこと。今年のガイドブックはもちろん、一部の書店でしか取扱いのなかった『はじめての建築01 大阪市中央公会堂』や、ガイドブックのバックナンバーも購入頂けます。注文した翌日に届く、というわけにはいきませんが、ぜひ活用下さい。

上：実行委員会ページ　下：イケフェス大阪ページ（イメージ画像）

そのオンラインショップにラインナップされている、イケフェス大阪の新たなグッズがペーパークラフト。観光スポットの建築に行けば必ず売られているアレです。今回はその第1弾として、イケフェス大阪でお馴染みの3つの生きた建築、大阪ガスビル（P.58）、大阪証券取引所ビル（P.59）、そしてダイビル（旧大阪ビルヂング）本館（P.66）の大阪セットとしました。カッターとのり、そして根気があれば誰でもつくれます。価格は1,500円＋税、書店でも購入できます。

　ちなみに今年の大阪ガスビルのイケフェス公開では、新たな試みとして「ガスビル謎解き（仮）」を実施。ガスビルをテーマとした謎解きイベントと、音声解説が楽しめるようになっています。

大阪ガスビル ▲

◀ ダイビル本館

大阪証券取引所ビル ▶

新たに発売される『生きた建築ミュージアム大阪 ペーパークラフト01』

もうひとつ、イケフェス大阪関連でパワーアップしたのが、2015年と2021年に開催した「ジャパン・オープンハウス・サミット」。日本の各都市でオープンハウスや建築の魅力発信に取り組む組織の集まりを、今年は福岡で開催します。サミットのメンバーであるNPO法人福岡建築ファウンデーション（FAF）の設立10周年記念の一環として、イケフェス大阪を含めた5団体がアクロス福岡に集結。同日に建築の公開イベントもあるので、この機会に福岡のオープンハウスを体験してみてはいかがでしょう。なお、サミットの様子はオ

オープンハウス・サミットの会場となるアクロス福岡

ンラインでも配信します。今後は年に1回、開催都市を転々としつつ、オープンハウスの輪を広げていく予定です。

　そんなオープンハウスの輪に、遂に京都が加わります。その名も「京都モダン建築祭」。京都といえば日本の伝統的な木造建築ばかりが取り上げられますが、実はそれだけじゃないということで、近代以降の京都の建築に絞って公開が行われます。開催は11月11日（金）〜13日（日）の3日間。イケフェス大阪と違ってチケット購入が必要なので、公式サイトでご確認を。

このようなオープンハウスの広がりもそうですが、近年、建築の魅力がこれまでになく浸透していることを感じます。例えばこの8月〜9月にかけてテレビ大阪開局40周年を記念して、ドラマ『名建築で昼食を　大阪編』が放送されました。ご覧になった方も多いと思います。好評だった東京編の続編ですが、登場する名建築は神戸女学院を除いて、全てイケフェス大阪の参加建物でした。いつもはイケフェス大阪で解説頂いているオーナーや関係者の皆さんが、少し緊張しながらテレビ画面で語る姿は、何だか親戚を見るようで少し気恥ずかしく、また誇らしくもありました。よく知っているはずの建築空間も新鮮に映りました。他にも、この数年テレビ番組や雑誌などで建築が取り上げられる機会が増えています。イケフェス大阪も、オープンハウスのネットワークも、そのあと押しになっていきたいと思います。

福岡建築ファウンデーション設立10周年記念
ジャパン・オープンハウスサミット in 福岡
日時：10月22日（土）14時〜17時10分（30分前から受付）
（オープンハウスは11時〜14時）
会場：アクロス福岡円形ホール
定員：60名（オンライン参加は定員なし）
参加費：無料（要事前申込）
申込・詳細等：https://www.fafnpo.jp

生きた建築ミュージアム大阪
実行委員会

大阪市では、2013年度に、まちをひとつの大きなミュージアムと捉え、そこに存在する「生きた建築」を通して大阪の新しい魅力を創造・発信する取組み（生きた建築ミュージアム事業）を開始しました。その一環として、2014・2015年度に開催された大阪発・日本最大級の建築公開イベント「生きた建築ミュージアムフェスティバル大阪（イケフェス大阪）」は、建築を通じて、多くの方々に大阪の新しい魅力に触れていただく貴重な機会となりました。

「生きた建築ミュージアム大阪実行委員会」は、この取り組みをさらに発展させることを目的として、建物所有者をはじめとする民間企業、専門家、大阪市等が協力・連携し、2016年7月20日に発足した組織です。実行委員会は「イケフェス大阪」を主催するほか、建物所有者や関係者の方々のご協力を頂きながら、「生きた建築」を通した新しい大阪の都市魅力の創造・発信をめざして、様々な活動を展開しています。

委員一覧

委員長

橋爪 紳也　　大阪公立大学 研究推進機構 特別教授

副委員長

嘉名 光市　　大阪公立大学大学院 工学研究科 教授

委員

倉方 俊輔　　大阪公立大学大学院 工学研究科 教授
指田 孝太郎　株式会社日建設計 シニア上席理事
佐野 吉彦　　株式会社安井建築設計事務所 代表取締役社長
芝川 能一　　千島土地株式会社 代表取締役社長
對中 秀樹　　ダイビル株式会社 取締役常務執行役員
髙岡 伸一　　近畿大学 建築学部 准教授
田中 雅人　　大阪ガス株式会社 大阪・南部地区統括支配人
村川 洋一　　株式会社竹中工務店 専務執行役員
村田 俊彦　　株式会社大林組 取締役 副社長執行役員
米井 寛　　　株式会社東畑建築事務所 代表取締役社長
上村 洋　　　大阪市都市整備局長

監事

奥村 太朗　　弁護士
原 繭子　　　公認会計士

実行委員会のロゴマークについて

OSAKAの「O」と木の「年輪」とを掛け合わせたシンボルマーク。抽象的に図案化した年輪を矩形と組み合わせることで、「生きた建築」を想起させるデザインになっています。歴史を刻む生きた建築が開かれることで街に人の動き・つながりの輪ができ、それが広がっていくような意味合いを込めました。

またロゴタイプには、日本を代表する書体メーカーで、1924年創業で大阪に本社を構えるモリサワが、1955年に初めて発表したオリジナル書体文字の「ゴシックBB1」を用いることで、「生きた建築」が大阪初のムーブメントであることを表現しています。

アートディレクション＝後藤 哲也
シンボルマークデザイン＝山内 庸資
タイプフェイス＝ゴシックBB1（モリサワ）

大阪ガス　Daigas Group

大林組
OBAYASHI

ダイビル株式会社

想いをかたちに　未来へつなぐ

TAKENAKA

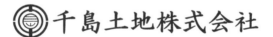
千島土地株式会社

東畑建築事務所
TOHATA ARCHITECTS & ENGINEERS, INC.

NIKKEN
EXPERIENCE, INTEGRATED

安井建築設計事務所

住友商事
Enriching lives and the world

大和リース
Daiwa Lease®
大和ハウスグループ

西尾レントォール 株式会社

SUNTORY

NIHON SEKKEI

NTTファシリティーズ

YOSHIMOTO 110th

京阪神ビルディング株式会社

大成建設
For a Lively World

辰野株式会社

株式会社アートアンドクラフト	株式会社140B	大林新星和不動産株式会社
けんピク会	株式会社サンケイビル	株式会社TAKプロパティ
一般社団法人日本建築協会		

アートアンドクラフト

大阪住宅株式会社

ATC（アジア太平洋トレードセンター
株式会社）

新井株式会社（新井ビル）

ARCHITEKTON
- the villa tennouji -

株式会社生駒ビルヂング

今橋ビルヂング

ダルポンピエーレ

吉川工業株式会社

鹿島建物総合管理株式会社

design SU一級建築士事務所＋
株式会社YAP一級建築士事務所

玉出 梲家（うだつや）

積水ハウス株式会社

積水ハウス梅田オペレーション
株式会社

株式会社浦辺設計

朝日放送グループホールディングス
株式会社

万博記念公園マネジメント・
パートナーズ

コダマビルディング

京阪ホールディングス株式会社

京阪建物株式会社

株式会社小倉屋山本

大阪ガス株式会社

一般社団法人大阪倶楽部

大阪公立大学

公益財団法人大阪国際平和センター

大阪市中央公会堂指定管理者
サントリーパブリシティサービス
グループ

株式会社共進ビルド

BMC

株式会社プレステージジャパン

株式会社大阪写真会館

Time & Style Osaka

株式会社大阪取引所

平和不動産株式会社

大阪商工信用金庫

住まい情報センター
（大阪くらしの今昔館）

大阪市立美術館

大阪ターミナルビル株式会社

大阪中之島美術館

株式会社大阪農林会館

大阪府庁 本館

株式会社大阪国際会議場

大阪府立狭山池博物館

大阪府立中之島図書館指定管理者
ShoPro・長谷工・TRC共同事業体

大阪弁護士会

大塚製薬株式会社

小川香料株式会社

オリックス株式会社

株式会社モリサワ

関西大学

株式会社カフーツ

北浜レトロ株式会社

ギャラリー再会

コニシ株式会社

株式会社NTTファシリティーズ

近畿大学

King of Kings

株式会社久米設計

コホロ ELMERS GREEN
コーヒーカウンター

グランフロント大阪

源ヶ橋温泉

光世証券株式会社

ザ・ガーデンオリエンタル・大阪
（株式会社Plan・Do・See）

西光寺

自安寺

ジオ-グラフィック・デザイン・ラボ

千島土地株式会社

株式会社昭和設計

株式会社食道園

丸二商事株式会社

ニュージャパン観光株式会社

株式会社大阪市開発公社

桃谷順天館グループ桃井商事
株式会社

千里阪急ホテル

株式会社大成閣

大同生命保険株式会社

ダイビル株式会社

株式会社大丸松坂屋百貨店・
大丸心斎橋店

株式会社髙島屋

公益財団法人武田科学振興財団

武田薬品工業株式会社

田辺三菱製薬株式会社

中央工学校OSAKA

鶴見緑地指定管理者
鶴見緑地スマイルパートナーズ

通天閣観光株式会社

鶴身印刷株式会社

株式会社堂島ビルヂング

株式会社東畑建築事務所

空間計画株式会社

THNK一級建築士事務所

株式会社井池繊維会館

合資会社マットシティ/
みんなの不動産

長瀬産業株式会社

朝日新聞社

株式会社朝日ビルディング

公益財団法人香雪美術館

三井不動産株式会社

三井不動産ビルマネジメント株式会社

株式会社浪花組

南海電気鉄道株式会社

南海不動産株式会社

西尾レントオール株式会社

株式会社日建設計

日本圧着端子製造株式会社

Atelier KISHISHITA

日本基督教団大阪教会

日本基督教団天満教会

日本基督教団浪花教会

日本基督教団南大阪教会

日本銀行大阪支店

日本聖公会川口基督教会

日本生命保険相互会社

株式会社日本設計

日本橋の家

ハイアットリージェンシー大阪

原田産業株式会社

播谷商店

フジカワビル株式会社

丸一商店株式会社

有限会社ニシオトレーディング

株式会社橋爪総合研究所

嵯峨御流いけばな教室 rime flower

公益財団法人藤田美術館

伏見ビル

日本精工硝子株式会社

株式会社サンケイビル

β本町橋

本願寺津村別院（北御堂）

マヅラ

三木楽器株式会社

ミズノ株式会社

光井純アンドアソシエーツ
建築設計事務所株式会社

株式会社三井住友銀行

株式会社三菱UFJ銀行

株式会社竹中工務店

株式会社TAKプロパティ

株式会社アサヒファシリティズ

公益財団法人竹中大工道具館

一般社団法人
御堂筋まちづくりネットワーク

大阪城パークマネジメント株式会社

一般社団法人日本綿業倶楽部

森ノ宮医療大学

東急不動産株式会社

株式会社安井建築設計事務所

公益財団法人山本能楽堂

株式会社輸出繊維会館

株式会社ロイヤルホテル

co-ba nakanoshima
（クラブリバーサイド）

きりう不動産信託株式会社

柳々堂

株式会社大林組

大林新星和不動産株式会社

大阪府西大阪治水事務所

大阪市建設局

株式会社明治大理石

SSK（Super Studio KITAKAGAYA）

kagoo

一般社団法人おおさか千島財団

G-フォレスタ

御舟かもめ

三休橋筋愛好会

三休橋筋商業協同組合

一般社団法人日本建築協会

株式会社毎日放送

一般社団法人日本建築設計学会

上町台地アートワークス実行委員会

上町台地アートプロジェクト
実行委員会

大阪市立中央図書館

大阪市難波市民学習センター

中之島ウエスト・エリアプロモーション
連絡会

一般社団法人MicroHeritage

エネルギー・文化研究所（CEL）

オープンナガヤ大阪2022
実行委員会

大阪公立大学長屋保存研究会

船場博覧会実行委員会

一般社団法人
大阪府建築士事務所協会

コジマユイ

一般財団法人緒方洪庵記念財団

その他大勢の'生きた建築'に関わる
みなさん

ℹ️ イケフェス大阪2022 インフォメーションセンター

日時
2022年10月29日（土）10時～18時
30日（日）10時～16時

場所

24 大阪証券取引所ビル
1階アトリウム　MAP P.49

中央区北浜1-8-16　大阪メトロ堺筋線 北浜駅1号B出口

115 三菱UFJ銀行大阪ビル本館
1階ギャラリーラウンジ　MAP P.49

中央区伏見町3-5-6
大阪メトロ御堂筋線 淀屋橋駅11号出口

※メインイベント期間中のみの特設インフォメーションです。
開設時間にご注意ください。

インフォメーションセンター特設電話番号

070-4286-0445
（イケフェス大阪2022開催事務局）

※特設電話はつながりにくい場合がございます。
また、上記日時以外はつながりません。

イケフェス大阪2022に関するお問合せ

📞 Tel: 06-4301-7285
大阪市総合コールセンター［年中無休／8時～21時］

✉️ E-mail: info@ikenchiku.jp
生きた建築ミュージアム大阪実行委員会

※電話はつながりにくい場合もございます。ご容赦ください。
※上記では、プログラムの参加申込・キャンセルは一切受付けて
おりません。

参加者アンケートにご協力ください

イケフェス大阪2022参加者アンケートにご協力ください。
スマートフォン、パソコンで簡単に回答いただけます。

● 公式ホームページ

| イケフェス大阪　アンケート | で | 検索 |

メイン期間中は、インフォメーションセンター他で回答用
紙もご用意しております。
みなさんの声をお待ちしております！

※メインイベント期間2日目の10月30日（日）に、インフォメーショ
ン **24** 大阪証券取引所ビル 1階アトリウム（10:00～16:00）に
て、「記入した回答用紙の提出」もしくは「送信ボタンを押した後
に表示される画面」を提示いただきますと、先着150名様に「大
阪証券取引所ビル　特製ペーパークラフト（非売品）」をプレゼン
トいたします。

みなさんのサポートをお待ちしています

イケフェス大阪を中心とした実行委員会の活動は、みなさん
のサポートで成立しています。ボランティアの登録、ご寄付・
協賛はいつでも受付けています。
大阪の建築文化の発展、建築を通した都市魅力の発信に
向け、みなさんのご支援をよろしくお願い申し上げます。

● 公式ホームページ

| イケフェス大阪　ボランティア | または |

| イケフェス大阪　寄付・協賛 | で | 検索 |

公式ホームページ
https://ikenchiku.jp

twitterでも情報発信中！ 🐦 @ikitakenchiku